《问道》致力于发现『藏着』的中国文化

问道·田园耕读

主编 张剑峰

陕西师范大学出版总社

图书代号：SK15N0932

图书在版编目（CIP）数据

问道·田园耕读/张剑峰主编.—西安：陕西师范大学出版总社有限公司，2015.11

ISBN 978-7-5613-7491-7

Ⅰ.①问… Ⅱ.①张… Ⅲ.①中华文化-研究 Ⅳ.①K203

中国版本图书馆CIP数据核字（2015）第237964号

问道·田园耕读

WENDAO TIANYUAN GENGDU

张剑峰 主编

策划编辑/ 郭永新
责任编辑/ 王西莹 陈柳冬雪
责任校对/ 陈柳冬雪
封面设计/ 古涧文化
出版发行/ 陕西师范大学出版总社
（西安市长安南路199号 邮政编码 710062）
网　　址/ http://www.snupg.com
印　　刷/ 西安创维印务有限公司
开　　本/ 720mm×1020mm 1/16
印　　张/ 14.75
插　　页/ 1
字　　数/ 115千
版　　次/ 2015年11月第1版
印　　次/ 2015年11月第1次印刷
书　　号/ ISBN 978-7-5613-7491-7
定　　价/ 55.00元

目录

問道

201511

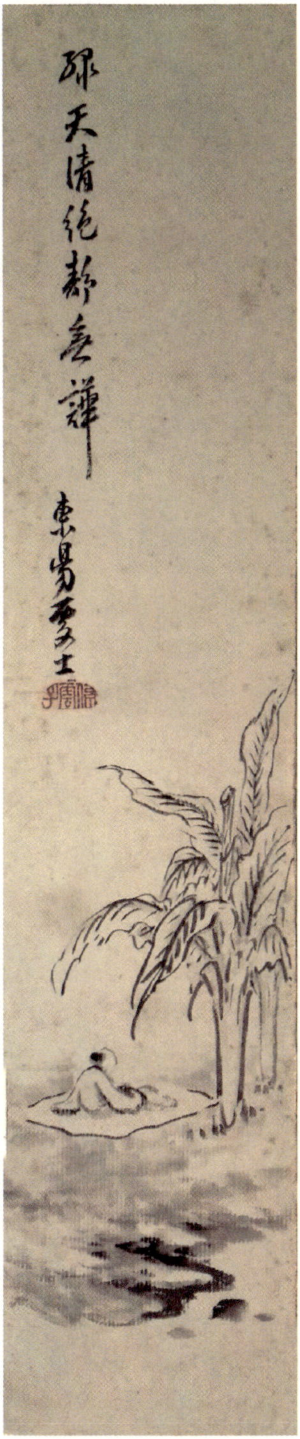

田园耕读 序

五千年的中华文明从泥土中生长出来，泥土生长粮食，也生长着东方智慧。寻觅将逝的田园，寻觅与节气相应的朴素的传统文明，寻觅隐匿在泥土中的中华之根。

乡村孕育了城邦，上古华夏祖先躬耕在陇亩之间，城市只是发布政令和交易的地方。如果熟谙了变化之道，田园则是与天地精神相往来的宏大背景。桃花源是被中国人触摸得发亮的词语。上至帝王下至庶民，没有人不渴望能够拥有一块生机盎然的田园。不同于海洋文明和游牧文明，中国人只有拥有了田园，才会拥有对于和谐和宁静的追求。田园耕读是中国人修身养性的母体，是抚慰心灵的终极故乡。

通过“耕读”阅读中国人的精神符号，从中可以发现中华道统的衍生和衰落。上古的人，行而论道，既通过师承制传承、明了道之体，又通过回归自然走进田园，躬耕陇亩体认了道之用，使中华文明持续发出光华。战国时期，中国的古人因为对道统的不同理解而产生了百家争鸣。唐代之后，中国人坐而论道知行分离之后才呼吁知行合一，士人们要么远离了田园，变成了手无缚鸡之力的书生，要么只知其理而不通达其用。道、法、术、器不能贯通，所以田园和土地逐渐贫瘠，最终成了城市的附庸。生机勃勃的中国文化因为体用关系的脱落而出现疾病，田园的失落实际是对于中国文化精神的遗忘，寻觅最初的田园，以此归真达道。

中国文化是华夏先祖远取诸物、近取诸身、象形取意形成的东方智慧。古人俯仰之间体察自然变化，通过躬耕陇亩体察自然之动静，生命之变化，进而发散以至观照生命的各个层面。

内圣外王之道，进退之间，中国人正是通过一片田园来承载和展

《大江独钓图》 李乐然 作

开，体验并书写，进而传承。

数千年来，古人们就是通过躬耕陇亩进而耕作心田的。由此向内心望去，丘壑俨然，正是如陶令之桃花源。寻觅最初的田园，沿着那条摇曳着童谣的陌上小径就能回到故乡。

光耀兮正兮，晨照于林；德显兮彰兮，在天地之行。

当清晨的阳光穿透纸窗，鸟儿在林间鸣唱。

窗外的菜地沐浴着阳光。

案上的书卷翻阅着松风。

汗水顺着额头滑下、滴落，它们会成为滋养土地的养分，会让锄头的木柄更加光滑、发亮。放下锄头，看着作物渐渐发芽、长大、成熟，沾满泥土和汗水的手中握着果实，生命会因此而充实。

窗外的雨，打在青石上或打在草叶上，是一卷卷“云集”之书。书中有雨，雨中有书，读这一卷书，同时也在读这一场雨。每一个文字就像是每一颗雨滴，敲打着石上苔绿，敲打着闲适心灵。那些美丽的诗文词卷，就像是采集晨曦的露水，汇聚天上的彩云，将它们绘于纸上，融进书卷。

夫观一叶落，而知天下秋；见一雪消，乃知万物春。夫若修身立命，一锄之耕，当知事在躬行。一卷之读，当知物在善察。

晴可耕，雨可读。又可陪伴琴棋书画、诗酒茶，泉石松云、东篱黄花。

回归田园，是回归心灵与精神的美好家园。

从那茅屋后面升起来的缭绕青烟，已缓缓飘散了五千多年……

华夏民族从遥远的上古时期开始，便已耕读于天地之间。从神农

《鹿鸣春在图》 李乐然 作

氏教人们播种、收获，开创了农耕时代，五帝之一的尧帝时期是华夏民族农耕文化繁茂发展阶段。相传尧帝德高望重，严肃恭谨，光照四方，团结族人，使邦族之间聚合如一家，和睦相处，深受人民的爱戴。他生活简朴，吃粗米饭，喝野菜汤。

《史记》记载尧帝“其仁如天，其知如神，就之如日，望之如云。”他命部下的羲氏、和氏根据日月星辰的运行规律制定出历法——四时成岁，为百姓颁授农耕时令，测定出了春分、夏至、秋分、冬至，使天下生民农耕生产有所依循，叫作“敬授民时”。帝尧之世，天下大和，百姓安居。有八九十老人，击壤而歌：“日出而作，日入而息。凿井而饮，耕田而食。帝力于我何有哉？”此乃无为之治也。

相传尧帝来到历山，从民间选用贤良之才。他听说舜在田间耕地，便到了田间，看见一个身材魁伟、体阔神敏的青年聚精会神地耕地，犁前驾着一头黑牛、一头黄牛。奇怪的是，这个青年从不用鞭打牛，而是在犁辕上挂一个簸箕，隔一会儿，敲一下簸箕，吆喝一声。尧帝等着舜犁到地头，便问：“耕夫都用鞭打牛，你为何只敲簸箕不打牛？”舜见有老人问，拱手作揖答道：“牛为人耕田出力流汗很辛苦，再用鞭打，于心何忍！我打簸箕，黑牛以为我打黄牛，黄牛以为我打黑牛，就都卖力拉犁了。”尧帝一听，觉得这个青年有智慧，又有善心，对牛尚如此，对百姓会更有爱心，便与舜在田间谈论了一些治理天下的道理。舜明事理，晓大义，非一般凡人之见。尧又走访了方圆百里，人们都夸舜是一个贤良之才。于是，尧便决定让舜先在朝中做虞官，三年后，舜在文庙拜了先祖，尧便让舜代其行天子之政。

一个人的德行智慧完全可以从日常的耕作及言行举止中体现出来。正如《周礼·地官》一书所言：“德行，内外之称，在心为德，施之为行。”中华民族的这两位伟大的圣王第一次相遇便是在田野耕作间，一切都是那么朴实、自然。治国之道，在田野间的风中幽幽回

《南山听瀑图》 李乐然 作

荡。尧帝看重舜的明事理、晓大义，智慧而有善心。以至于后来有了华夏民族历史上一次伟大而重要的禅让。

耕读文化是中华民族之根，它需要顺应天命，需要守望田园，需要辛勤劳作，需要修身立命，洞彻天地智慧。

距尧舜时代一千八百多年以后，圣人老子隐居于宋国沛地。他自耕而食，自织而衣，清澹退静，洞晓天地智慧。他的名声远播在外，慕名求道者接踵而来。在这里，他传授了南荣趎养生之经、孔夫子大道之妙。老子向孔夫子阐述了大道之元奥，孔夫子闻之，觉已为鹊，飞于枝头；觉已为鱼，游于江湖；觉已为蜂，采蜜花丛；觉已为人，求道于老子。不禁心旷神怡，说："吾三十而立，四十而不惑，今五十一方知造化为何物矣！造我为鹊则顺鹊性而化，造我为鱼则顺鱼性而化，造我为蜂则顺蜂性而化，造我为人则顺人性而化。鹊、鱼、蜂、人不同，然而顺自然本性变化却相同。顺本性而变化，即顺道而行也。立身于不同之中，游神于大同之境，则合于大道也。我日日求道，不知道即在吾身！"言罢，起身拜别。

耕读于尧舜是德，于老子是道。先贤圣哲们耕种在这片大地上，他们读的是刻在石头上、写在树叶上的文字，读的是天地自然日月星辰之书。伏羲推演出河图、大禹治水现洛书；文王演《周易》，老子著《道德经》，孔子编《诗经》……

这些皆是古人从天地自然之间领悟出的智慧和实践成果。黄卷幽深，汗青浩瀚。后世之书虽然庞杂繁复如星辰一般，但无不出其源流。

耕读，修身、立命、养德。耕，外可耕种田地，事稼穑以自给自足；内可耕自身之心田，打磨心性，知行合一，所谓耕种心田是也。读，有形则可读黄绢圣贤之书，无形则可读天地自然、万物之书。云石烟霞、星辰日月、山河草木……无不可为书。子曰："书不尽言，

《归犊图》 李乐然 作

言不尽意。”其意原在天地万物、造化自然之中，也需从自然造化之中去寻找与体悟。要读有形之书，更要读无形之书。

在此之后，耕读修身便已成为了历代文人志士淡泊明志、宁静致远、志向高洁的象征。同时也是他们的必经之路。儒家曰：“达则兼济天下，穷则独善其身。”佛家曰：“一日不作，一日不食。”道家曰：“清静无为，返璞归真。”那些甘愿淡泊，意出尘外，志趣高远的人像山中涌出的清泉一样不曾断绝。他们如仙鹤一般清瘦的身影一直出现在那云烟环绕的田野、林泉间……

东汉末年的诸葛亮布衣清庐躬耕于陇亩。他精通音律，平日好念《梁父吟》，常以琴瑟鼓之，又以管仲、乐毅自比。后来刘备三顾茅庐于此，他出山辅佐，终成为乱世当中的一代良相。

“少无世俗韵，性本爱山丘”的东晋诗人陶渊明辞官后归隐故里，过着躬耕自资，“榆柳荫后檐，桃李罗堂前”的生活。从而写下了诸多影响深远的田园诗。

诗人王维卜居辋川，归隐山水田园之间。与孟浩然并称为“王孟”，成为唐代山水田园诗派的代表。

北宋哲学家、易学家邵雍年少有志，读书隐居于苏门山百泉之上。邵雍少时刻苦自学，博览群书。《宋史·邵雍传》：“自雄其才，慷慨欲树功名。于书无所不读，始为学，即坚苦刻厉，寒不炉，暑不扇，夜不就席者数年。”邵雍一生不求功名，过着隐逸的生活。富弼、司马光、吕公著等人十分敬仰他，常与之饮酒作诗，并买园宅供他居住，但他依然过着耕种自给的生活，名其居曰“安乐窝”，自号“安乐先生”。

《桐荫消夏图》 李乐然 作

北宋哲学家、理学支脉、“关学”创始人的张载曾讲学于关中横渠。他依靠着家中数百亩薄田生活，整日讲学读书，“俯而读，仰而思。有得则识之，或半夜坐起，取烛以书……”张载讲学的地方前身为崇寿院，他年少时曾在此读书，晚年隐居后，一直在此兴馆设教。他逝世后，人们为了纪念他，将崇寿院改名为横渠书院。

明代有王守仁“悟道龙场”，民初有蓝川先生布衣自足，讲学于芸阁书院……

纵观自古以来有着自身成就且影响后世深远者，无不是恬淡素朴，耕读田园修身有为之博学志士，他们都保留着中华民族传统文化的精髓。

其实，天地之间就是一个大田园，万物之间无不可为耕，无不可为读。所谓耕者致力忘其犁，读者会意忘其卷，是乃耕读于天地自然之间矣。《老子》曰：“昔之得一者，天得一以清，地得一以宁，神得一以灵，谷得一以盈，万物得一以生，侯王得一以为天下贞。”一耕一读于天地之间，就是养德归根的性命之学。因为，道从来就在最平淡之处。

如此，余生只伴南山一窗月光，半壁山房，几亩薄地，种些许蔬豆瓜果，作四季食粮。闲时可于屋檐下品读一卷书、啜饮一杯茶；困时可于竹榻高卧一枕梦、惺忪一境花；愁来秋雨浅酌一壶酒、一阕词；兴登松石闲看一山远、一轴画。脚踩大地眼望星空，日出而作乃耕，日落而息伴读。静观游鱼徘徊，独看飞鸟往返，仰头云聚云散，俯首花落花开……我自悠然。

正如唐代吕岩所作的《牧童》诗中所言“归来饭饱黄昏后，不脱蓑衣卧月明。”的那种自在洒脱与闲适。

自沽村家酒，伴读五柳诗。春来满溪花，须堪折一枝。壶中待煮茗，乃取松上雪。夏有野径松，枕石且一眠。

粗茶淡饭之余与友人品茗闲叙，山风欲雨，庭院深几许，橙月朦胧，菊花夜露，鸟不语。松涛静谧，泉韵浅低，只堪听雨、只堪读山……

《问道》编辑部

寻彼南山　悠然采菊

文／肖伊绯
摄影／觉非　祥子

肖伊绯 四川成都人。独立学者、职业作家。长期从事人文领域多学科互动研究，特别关注民国思想史、宗教图像学、园林美学等多个专题研究。已出版《在高卢的秋天穿行》《风景的标记》《虚构的风景》《孤云独去闲》《民国表情》《听园》《1939最后的乡愁》等十余部作品。

据说唐代草书大家怀素的《自叙帖》，并没有真迹存世。现在所能看到的“国宝”，曾经是苏舜钦的珍藏，然而这件藏品也只是摹本罢了。更为奇特的是，由于当年卷子已经碎裂损坏，苏氏临摹补上了前六行草书，使得这件摹本之上的摹本在收藏界又有了一个学术符号式的命名：苏补本。

其实，中国人的临摹功夫是天生的。这种优秀若发挥到极致，可以成为优雅。岂止是唐代的草书可以临摹，即使这种书法变化多端，如云水龙蛇，难度极高，只要苦心钻研，终能入木三分。那临水照花、拈花一笑的心手如一，使苏舜钦自家心田里的那一枝花，花中的那一支笔，可摹可写的上天入地，无所不可。曾经建造沧浪亭的人，并不介意书法的难度，因为再难，也不过是苏氏心中变换的云霞。

应时植我东篱菊

东篱，是东边的篱笆，还是东向的篱笆？

怀素的草书，有些字形局部看来，就如同一枝枝篱条。其实，不一定非得是怀素的狂草，只要是一整幅毛笔字合在一起，无论什么书法，隶草行楷篆种种，皆可看作一围篱笆。即使那些规规矩矩并不卓然独立的“草民们”，也可以写出一围篱笆来。无论东向与否，自顾自地享受着“采菊东篱下”的悠然自得，这是中国人的自然而然，没什么道理可讲。陶渊明的名句“采菊东篱下，悠然见南山。”将东篱、南山定格于经典惯用语中，东与南、篱与山。人与自然的距离由远及近，最终不再有远近之分，融为一体。疏离中是自然，感受到的却是自然而然。南山是自然造化，东篱则是人为。如何先自然，再以人力去自然而然？这是陶渊明的障眼法，还是篱笆内外看山者的视觉误差？山是自家山，院是谁家院？陶氏拾来枯枝败木，草草营围，一围篱笆隔开的岂止是人与荒野，隔开的只是喧嚣的欲望而已。

东篱 南山 逸人

苏东坡读到陶渊明，感受到那份近乎天然的自然而然。苏东坡曰：“采菊之次，偶然见山。初不用意，而景与意会。”

图为80年代比尔·波特摄于陶渊明故居

从诗学的角度来谈当年看山者的心理感受，总是有所欠缺的，苏东坡说得够贴切，却还是欠妥当。无论怎么自然而然，撇开了篱笆谈看山，忽视了篱向东、山坐南的地理位置，为诗而诗的话语，虽是老练成熟，却终究不是真自然，缺少了一种天然境界。

苏舜钦的六行临摹补书，究竟是按照怀素草书的本来形态描摹，还是原来神髓追摹？这不但是个需要考证的史学问题，还是个需要推理的哲学问题。史学家们可能倾向于苏氏手中还有一个完整的摹本，然后按照这个底本一笔一画的进行描摹。可现在存世的最早摹本只有“苏补本”，而且长期以来就被当作怀素的真迹来珍藏，即使在清代宫廷也是如此。

苏氏手中有没有一个底本，或者那个底本究竟是真实存在，还是臆想附加，或许都不重要。其实，形似与神似都只是相似，而非等同，但形似与神似之间的那道篱却相当关键，居——篱——山的空间区隔，也正是园——墙——林的构筑模式。

山居的重要屏障是那道篱，园林的首要屏障是那道墙，很难想象，没有空间区隔的山居与园林是何种模样。如果没有篱与墙的区隔，山居不如洞穴，园林即是真山水。

中国园林就是这么一个法则，与书法相通，在形似与神似之间，“园”并非惯常纯粹的居所空间，“林”也并非荒僻野蛮的深山老林。一道倚湖山或避市井而砌的墙，将神似与形似隔开，也将神似与形似包围，“园林”二字是园与林的叠加，但已然复合为一个单词了。这种美学体系的始作俑者，是否就是陶渊明的“东篱”，没有人予以定论，但其间的默契已逾千年。

其实，东篱与南山之间，只有一个“人”字。可以是陶渊明，也可以是其他人。这个人可以写诗，但最好不要谈论诗学。

性本爱山丘

开门见山是敞阔，篱下见山则是另一种豁然开朗。

苏东坡的诗学解释，原本精妙，但不自然。“初不用意，而景与意会”——同样适用于“开门见山”的情形。山坳里的农家，半山腰上的小庙，无一不有“开门见山”的清旷意境，但“篱下见山”是随意，不是清旷，不是任何一种带有文化潜意识的暗指。

陶渊明打开屋门，缓步出院。再打开围拱着篱笆的柴门，走出门外。出了两重门，他依然对屋前坐南的大山熟视无睹。他往东向的篱笆外走去，此处一地的菊花盛开，点染绚烂。他采菊一朵，正欲返身归屋之际，忽而于眼角余光扫得身侧的大山峰峦。他抚须一怔，又微笑着拈菊而去。

还有一种说法，可能更接近于常理。陶渊明打开屋门，缓步出院。径直走向东篱，这里有几株他手植的菊花。他拔弄花枝、洒扫庭院，偶尔闲步采菊，悠然自得。闲适间，举目远眺，大山如一座巨屏，恍然面前。

陶渊明究竟过了几重门，有没有望见山？他究竟是在院内，还是在院外看到了“南山”？“东篱”之外，那座“南山”究竟是放眼可望的外物名山，还是深藏于心的险峻丘壑？

烟云杳霭有无间

有人说南山即指庐山，亦有人讲南山实指终南山，还有人故作高明地讲，“南山”只是泛指南边的山，并无确指。地理方位的泛指，这样的解释，如果用于“东篱”，也一样简便易行。篱笆，更不是什么庐山篱笆与终南山篱笆之分，是确切无疑的泛指。东篱和南山，或者仅仅是一种方位上的意象，并无深意与确指吧。

但只需要一张白纸、一支铅笔，稍做一番“好事”之举，将“上北下南、左西右东”的法则套用于东篱和南山，用地理方位来泛写的解释，瞬间就可推翻。如果东篱和南山，是指东边的篱笆和南边的山脉，这样的搭配，绝不可能“悠然见山”。在篱笆里的人，只能右侧视，才看得见山；在篱笆外的人，也只能左侧视，才看得见山，都不是直视可见的。那么，再换一种方向来考察。如果东篱和南山，是指东向的篱笆和南向的山脉，这样的搭配，仍然不可能“悠然见山”。无论怎样搭配，篱笆与山脉，始终都未能平行于同一界面，脖子始终需要左扭或右扭一下，去侧视山脉，这谈何“悠然”？

无论是司马迁在《史记》中的“南登庐山”，还是江西人陶渊明的“归园田居”，南山即庐山的说法，似乎总是要可信一些。但这一流传千年的“定论”，仍然解决不了“扭头看山不悠然”的难题。早年长于小说写作，晚年埋首文物研究的沈从文先生，将唐代以来惯用的“终南捷径”之说，提前到了东晋。他考证出，“南山”实乃终南山。从史料到书法，从文物到“二重证据法”，他的结论不得不让人信服。

商山四皓和“悠然见南山”

《史记·留侯世家》：“……及燕，置酒，太子侍。四人从太子，年皆八十有余，须眉皓白，衣冠甚伟。上怪之，问曰：彼何为者？四人前对，各言名姓，曰东园公，甪里先生，绮里季，夏黄公。”

《汉书·王吉传序》：“汉兴有园公、绮里、夏黄公、甪里先生，此四人者，当秦之世，避而入商洛深山，以待天下之定也。自高祖闻而召之，不至。其后吕后用留侯计，使皇太子卑辞束帛致礼，安车迎而致之。四人既至，从太子见，高祖客而敬焉，太子得以为重，遂用自安。”

这就是所谓“商山四皓”典故的由来。近两千年来注解学人，只有这四个人中以姓名或称绮里，或称绮里季，有些不同意见，其他却少异议。但近半世纪新出土的两件文物却把“商山四皓”叫作“南山四皓”。第一件是日本人在朝鲜发掘的汉墓里，得到了一个竹篾编成的长方形筐子，四方上面除用彩漆绘有西汉刘向著的《孝子传》外，还在一角绘上了四位高士，旁边用隶书题识“南山四皓”四个字。竹筐的产生时代，大致西汉末至东汉初，证实这个竹筐的民间工师是“南山四皓”。这个南字的写法和西域木简里的南字是一样的。

我们可以怀疑这只是个孤证，以为汉代工人写字草率马虎，再加上西汉草隶书的“商”“南”二字差别又甚小，兴致一来，也许会把“口”当成一笔竖画弄错了，不足为例。但是天下事无独有偶，近年

在河南邓县出土的一个南朝画像砖大墓里，我们又发现了一些大长方砖，其中一块浮雕上面的人像旁边，又有一行四字题识："南山四皓"。上一回竹筐上用的是草隶书，还可说容易混误，这一次却用的是楷书，大致不会错了。这就给我们提出一个新的问题，原来史传上记载的"商山四皓"，汉代和六朝人通称为"南山四皓"。可见用文物考证，有些地方确实可以启发我们得到不少新知，还可以提供一些新的资料，这些资料的真实性都相当可靠。

这里让我们联想到，多少年来学人论陶诗时，喜欢引"采菊东篱下，悠然见南山。"这十个字大多被用来解释陶渊明生活态度是多么从容不迫，不以得失萦怀累心。东篱采菊是实，所见南山也不尽虚。我惭愧读书不多，不能明白千百年来讲陶诗的人是否曾提起过这句诗，是否也有着些许感慨，正可与"刑天舞干戚，猛志固常在"发生联系，用事虽不同，立意却相近。原来陶渊明所说"南山"，是想起隐居南山那四位辅政老人，并没有真见什么南山！何以为证？那个画像砖产生的年代，恰好正和陶渊明写诗的年代相距不远。

从合乎情理到纸上推理，从文史通论到二重证据法，最终依据一块与陶渊明年龄差不多的画像砖，确定为终南山。当然，这会让很多习惯诗学传统、乡愁情愫的人，从心理上难以接受，从情感上难以平复。毕竟，一块从古坟里飞来的"板砖"，拍在那些有名山乡土情结的头上，多少会有些难堪与不自在的。

但南山即终南山，终归解决了"扭头看山不悠然"这种实际意义上的难堪。陶渊明心中的山林寄托，又岂是与庐山仅一篱之隔的距离可以比拟？这是一所大得没有边际的园林，这又是一所可以瞬间坍缩为零点的心理空间。这里，不但没有实指，也无需指向。

这里，也可以用一本与陶渊明年岁相仿的书——《世说新语》，来做印证。

庾太尉在武昌，秋夜气佳景清，使吏殷浩、王胡之之徒登南楼理咏，音调始遒，闻函道中有屐声甚厉，定是庾公。俄而率左右十许人步来，诸贤欲起避之，公许云："诸君少住，老子于此处兴复不浅。"因便据胡床，与诸人咏谑，竟坐甚得任乐。后王逸少下，与丞相言及此事，丞相曰："元规尔时风范，不得不小颓。"右军答曰："唯丘壑独存。"

庾亮太尉在武昌，秋夜空气温凉而澄透，命属官殷浩、王胡之等去南楼安排歌咏。乐器音调刚调好，听到函道中的木屐声很响，知道肯定是庾公。顷刻之间，太尉率左右十余人走来。当时正在南楼品茗清谈的几位名士正想起身回避，太尉准许他们安坐勿动，道："各位再留一会儿，老子在这里兴致不浅。"顺便坐在折叠靠椅上，与诸人吟咏谈笑，竟然在此而尽兴。稍后王羲之下楼，与丞相说到此事，丞相说："元规（庾亮之字）那时的（大将军）风范，恐怕不得不小小地收敛一下吧。"右军答曰："胸中意趣，仅太尉独有。"

"丘壑独存"是王羲之对瘐亮的评价。"南山独存"是陶渊明对商山四皓的评价。这一评价早已超出了地理区隔、方位概念。这一评价使陶渊明可以"结庐在人境"，情怀寄托却在"悠然东篱下"。

东篱之志

“南山”这一概念，从纠结到释然，可以反推出“东篱”的悠然。

“有道则仕，无道则隐”，这是孔孟儒学的人生进退之策，同样也可以成为魏晋玄学的情调基础。心怀南山，可以在东篱之内孤居冥想，也可以在东篱之外身体力行。道是人想出来，还是走出来的，都不再是非此即彼的分别。一边想一边走，一边走一边想，有道无道，东篱内外的人生境遇，皆是园林。

陶渊明踱出东篱之外，至少有五次。这条道上行路之难，历来如此。这条道叫仕途。中途折返的人，有一些称作“半途而废”，有一些则称作“迷途知返”。陶渊明的每一次折返，境遇各有不同。东篱内外，风景各异，皆难以用成语来表述。

陶渊明生于晋哀帝兴宁三年（公元365年），卒于宋文帝元嘉四年（公元427年）。他的一生从东晋到南朝宋，再算上中间由桓玄建立的

图自央视纪录频道

比尔·波特 摄

楚，总共经历了三个朝代，十个皇帝。陶渊明首次出任江州祭酒是在晋孝武帝太元十八年（公元393年），这是他第一次出仕，这一年他29岁。关于这次做官的目的和辞官归隐的原因，在萧统的《陶渊明传》中有极为简单而明确的记载："亲老家贫，起为州祭酒。不堪吏职，少日自解归。"短暂为官的经历，极不适宜为官的个性，使得陶渊明第一次"解甲归田"，但"躬耕自资"自有另一番艰辛，因为"归田园居"的生活还不足以泯灭他的功名之心。

陶渊明第二次出仕，入桓玄军幕。这一次是在晋安帝隆安三年（公元399年），他35岁。恰在这一年，桓玄袭杀殷仲堪，并铲除了殷的余党，自领荆、江二州刺史。"玄于是树用腹心，兵马日盛"，制造出种种祥瑞煽惑人心，企图篡夺帝位。出仕两年后，陶渊明在《辛丑岁七月赴假还江陵夜行涂口》这首诗中，首次透露了他的"园林"之想。

辛丑岁七月赴假还江陵夜行涂口

闲居三十载，遂与尘事冥。
诗书敦宿好，园林无世情。
如何舍此去，遥遥至西荆！
叩枻新秋月，临流别友生。
凉风起将夕，夜景湛虚明。
昭昭天宇阔，晶晶川上平。
怀役不遑寐，中宵尚孤征。
商歌非吾事，依依在耦耕。
投冠旋旧墟，不为好爵萦。

养真衡茅下，庶以善自名。

江陵，是当时的荆州镇地，今湖北省江陵县。这里，曾是陶渊明首度为官，任江州祭酒时的驻地。此时再度为官，归乡探亲期满之后，再赴江陵任所，仍是一肚子的犹豫。对他而言，无世情的园林，敦宿好的诗书，始终比官场更让人舒心。终日奔波的仕途，夜不能寐的忧劳，哪里比得过东篱对南山的那份欣然、洒脱。

从故乡回到任所，是满腹凄凉的思乡。对园林的向往，还可以说是对家园的一种抽象思念。那么，从任所赴京议事，仍是满心思慕着园林的好，这不得不说是陶渊明的“东篱之志”了，与谢安的“东山之志”何其相似。

庚子岁五月中从都还阻风于规林诗（其二）

自古叹行役，我今始知之。
山川一何旷，巽坎难与期。
崩浪聒天响，长风无息时。
久游恋所生，如何淹在兹？
静念园林好，人间良可辞。
当年讵有几？纵心复何疑。

当然，隔三差五的小官差，本来也挣不得多少薪金。陶渊明的“园林”梦，只能是在诗句里念诵，始终没办法破土动工。在“东篱”间进退两难，游移不定，饮一个人的闷酒也罢，弹无丝弦的破琴也罢，可以成就死后千百年的诗名，却无法成全在世时的逍遥人生。

“东篱”作为一个文学经典符号，自唐后，传承了下来。原本平

凡无奇的乡居篱笆，也因之入得诗情，出得画意了。后世的园林中，或多或少总有一处篱笆围绕于茅亭苗圃之间，是否“东篱”，是否有篱外“南山”，已不重要。重要的是，它成了区隔尘世实境与思想意境的标尺，这种区隔造就着园林的景观主题。

原本疏离散杂的组织和随意区隔的编织，毫无主题可言，甚至连建筑都称不上的篱笆，因陶渊明的“东篱”，渐渐成文化意象，更进而衍生为园林意境。东篱，在陶渊明之后，自李白、杜甫两位诗学意象大师有所吟咏以来，纷纷杂杂开始了千年的衍化。

感遇（节选）

李白

可叹东篱菊，茎疏叶且微。

虽言异兰蕙，亦自有芳菲。

未泛盈樽酒，徒沾清露辉。

当荣君不采，飘落欲何依。

九日寄岑参（节选）

杜甫

维南有崇山，恐与川浸溜。

是节东篱菊，纷披为谁秀。

岑生多新诗，性亦嗜醇酎。

采采黄金花，何由满衣袖。

木兰花慢

辛弃疾

路傍人怪问，此隐者、姓陶不。堪黄菊如云，朝吟暮醉，唤不回头。纵无酒成怅望，只东篱、搔首亦风流。与客朝餐一笑，落英饱便归休。

古来尧舜有巢由。江海去悠悠。待说与佳人，种成香草，莫怨灵修。我无可无不可，意先生、出处有如丘。闻道问津人过，杀鸡为黍相留。

醉花阴

李清照

薄雾浓云愁永昼。瑞脑消金兽。佳节又重阳，玉枕纱厨，半夜凉初透。

东篱把洒黄昏後，有暗香盈袖。莫道不消魂，帘卷西风，人比黄花瘦。

清江引·野兴

马致远

东篱本是风月主，晚节园林趣。一枕葫芦架，几行垂杨树，是搭儿快活闲住处。

唐诗宋词之后，元曲中的“东篱”更多。元曲四大家之一，“古道西风瘦马”的马致远，就自号“东篱”，他写的曲词合辑为《东篱乐府》。他的越调“天净沙”是传诵已久的千古绝唱，另一曲越调的

“清江引”虽未显赫，却将“东篱”的地位推至美学意境的最高峰。

此后，已为“风月主”的东篱，成为万园必备的景观主题，并被后世文人认证为造园的必备美学元素，而南山退居其次，只是成为一种心灵照应而已。

晴耕雨读　琴剑与归

——琴剑道人访谈录

图片提供／琴剑道人　祥子

琴剑道人 字琴子，琴人谷谷主。于幼学之年得遇明师，遂拜在武当松溪派门下，自此习武于山间，奏琴于空谷，日与经书为伴，夜与星月为伍。后经吾师点化，拜在华山、青城山等诸多恩师门下，历十载寒暑春夏，于志继道家精神，传剑胆琴心，求逍遥之境。

白云升起，远处山谷排列着的群峰清远含烟。雨后初晴，阳光贴近竹叶，照射着上面微微闪耀着晶莹光芒的雨珠。琴人谷的琴声响了起来，清微淡远，颤若龙吟，渚然山涛，幽然谷应。跟随琴音流动，心境仿若：闲访平泉之松远，静闻空谷之兰香；夜听梧桐之秋雨，朝观晨露之离霜。

朝听风雨暮听琴

道家的古琴，可以用洒脱、逍遥来形容。真正的洒脱是指法的洒脱、身体的洒脱、呼吸的洒脱、琴曲的洒脱。除了音乐上的洒脱之外，还要达到这样的境界，这就是道家古琴比较注重的一点。

问道：道家古琴的功夫要如何去潜心修学？

琴剑道人：如果要进一步表达的话就是道家所讲的抱元守一。概念上是一样的，是一个功夫上的问题。就是要知道如何去进步，想要理解就得去实践，最难的还是坚持。

与站桩一样，你想要练出功夫，就得反复练，没有别的方法。你要领悟到什么是真正对的，领悟错了的话那就是另外一种状态，错的永远是错的。练功夫就要实现这个，只要你对，就必须坚持，坚持下去就会有成就。

问道：怎么去形容琴艺达到了一种“合于道”的境界。

琴剑道人：人与自然合一属于人意念中的境界。比如说琴艺达到一种境界的话，看到一个画面就能把它演绎出来。如何演绎，就看个人的修为了。古人制作古琴，创作琴曲也是这样，都是象形取意的，如张孔山的流水，他想象着流水，就可以通过琴弦将流水的意象表现出来。除了模仿水的声音外，还有另一层精神含义在里面，这样表达思想，就可以很抽象了。

张孔山表达流水，开始时从细细的流水到小溪、江河，结束时到大海的平静，中间有一段滚拂流水非常经典，可见他是很厉害的古琴家。张孔山是青城山的一个道士，他创作的七十二滚拂流水深远悠长，能够使人想象到自然、精彩的画面。他和古代人对于流水的理解方式可能还不一样。他在曲子里加入滚拂，回荡很空灵，将一个人的磨难与波折全部通过琴中的流水声音表现得淋漓尽致。从小溪流到江河湖泊，再到大海，就像人的一生。童年时如同小溪流，到中年时如同江河湖泊，老年时如同大海。与修道一样，最后归于大海般平静。

问道：道家古琴较为注重的是什么？

琴剑道人：道家古琴注重的是内三合与外三合。内三合是松劲、沉劲与合劲。外三合是人与琴合、琴与音合、音与律合。内外合起来以后气就会贯通，就如同通电。合不起来气就不通，气不通弹出来就

不行。就如同相互沟通，可以想象这个事情。比如说空谷传音这个声音的回荡跟合劲之间关系不大，这是人与自然之间的一种合，不是功夫上的合。

内三合与外三合这个只有道家琴曲讲究，这个概念音乐界没有人提出来。在古书里能够找到，只是方式表达不一样。古书里有记载，但是并没有实际记载到底是合劲还是沉劲。就比如告诉你要抱圆，到沉劲，就如你手腕走的时候如一根竹子，由气息流动变现出来，抚琴的时候，手指就如同竹尾，丹田就如同竹根，不是不动，是动的，只不过他的动一般人感受不到。所以他是由气息来合，除了这些他就是有一种力量，如果他的力量合不住的话，他的气是不通的。

道家的古琴可以用洒脱、逍遥来衡量。真正的洒脱是指法的洒脱、身体的洒脱、呼吸的洒脱、琴曲的洒脱。除了音乐上的洒脱之外，还要达到这样的境界，这就是道家古琴较为注重的一点。

问道：是不是像一颗有弹性的珠子，自然而然地随意跳动，任运天然，无有阻碍。

琴剑道人：你用珠子的比喻是很恰当的，珠子有韧性，既放松又活泼，但是身体却达到另一种逍遥。也有一些人很做作，很夸张，太过于注重表演形式。道家把那些过于注重术的行为称之为妖，就是失去中正。

问道：你昨天描述的“过而忘也”“引而远也”出自哪部经典？

琴剑道人：应该是出于《庄子》，我的理解就是“清泉绕屋澄心远”，用来形容逍遥之意，并且这句也是对我生活的一种诠释。

龙吟鹤响思庖羲

古代弹琴的人都会自己做琴，一辈子可能也就做一两张琴。不像现在，音符可以很准确，那时候音符只在他们心中，他们更注重的是自己的音符。

问道：我们说要身心合一，人琴合一，是以人为主还是以琴为主？是人驾驭琴还是琴驾驭人？

琴剑道人：这个就如同别人问我“你玩艺术呢”，我说不是，我是被艺术玩。我认为你应该控制琴，而不是被琴控制。首先琴的音准，和给人带来的感觉和韵味是必备的。除了这些以外，身体也是要达到的，如果你的身体达不到，你就拿不到内家的东西。就像你拿茶叶一样，你得先把盖子打开才能拿到。古琴也一样，首先要通过手形、坐姿将所有感受表达出来，这样才能弹出很好的声音。那种声音不属于音乐，只属于你的感情，这个就是乐器。

问道：古琴在制作的过程中，斫琴人也要加入自己的感情，释放一些东西，有他自己的特性。这个在琴家的手里也要有一些互动吧？

琴剑道人：对于现在的一些琴家、音乐家或者做琴人，我并不认为他们特别懂琴，很多人是以音乐来衡量是否为一把好琴。由于这个观念，我认为现在很多古琴做得不是很好，太过于商业化，很多工厂批量生产，并使用化学漆。若懂得传统古琴的话，当知一把好琴不是只在于声音的。好琴很多，但是要找到适合自己的很难。如同一件衣服，好衣服很多，但是不一定适合穿，还有则是好看的衣服并不一定是好的。好看就如同好听，好听并不一定适合来用，因为你可能会考虑收藏的价值。一把通过传统方式制作出的古琴，它可以一直“生存”。就如同一个孩子一样，是你一手带大的。

人与琴有各自的发展和空间，就如同对话，有时候父亲和儿子会吵架。人就如同父亲，琴如儿子，弹每一首曲子就如同父亲在与儿子聊天。有情绪时就算是吵架，感觉很好时，便是聊得很好。所以有些人就会挑剔，哪首曲子舒服哪首曲子不舒服，感觉就不对头。就和人一样，相互之间第一眼感觉不对，气场不对，看不顺时，他就很别扭。弹琴也一样，有时候弹一首曲子就感觉不舒服，很别扭。转个话题或者换一首曲子就可以了。

问道：琴本身是伏羲制作的，它也有一个象天法地的作用，现今似乎没有完全按照古法制作的古琴，那古今的变化大吗？

琴剑道人：因为琴有过断代。其实按照历史考证和文物角度来看，古琴是从唐代开始统一的，包括琴谱中的减字谱应该是从唐代开始流传下来的，在以前大多都是口传心授的。伏羲那时期的曲子和琴，谁也没有见过，因为以前是五弦琴，尧帝时期弹的就是五弦琴；到了周文王、周武王时期各加一弦成为七弦琴；再到后来孔子、嵇康弹琴，我们也不知道他们的琴是什么样的形制，完整的来说从唐代开始古琴是比较统一的。

问道：琴的制作，古代有没有一部经典留下来，至今好像还没有听说过。

琴剑道人：要说经典，比如说现在留下来的琴是文物，对于我们弹琴的人来讲，它就是一把废琴。它虽然很值钱，但只是文物，没有生命力。《溪山琴况》讲的境界比较高，他把所有古琴的制作及流传都讲了出来。古代弹琴的人都会自己做琴，一辈子可能也就做一两张琴，不像现在，音符可以很准确，那时候音符只在他们心中。他们更注重的是自己的音符。古代与现今的音符是有区别的，当然我还是很认可现今的音符统一化。统一化虽然有助于传播，但是不利于个性化发展，尤其是现在有个性的人还是很多的。

问道：那么根据你的理解，周文王及周武王加的两根弦意义在哪里呢？

琴剑道人：据说周文王加一根弦是为了纪念他的儿子。周武王则是因为他父亲的原因而纪念他的兄长。虽然是七弦琴，但还在五音范围之内，属于辅助作用是高八度和低八度，所以叫校宫校商，对应的还是五弦。

问道：你这把琴叫什么？好像很少见。

琴剑道人：这是混沌琴，做起来很难，要把声音做好就更难。仲尼琴，做成后就像一个人一样，有君子之风，是孔子之琴，比较敦厚。师旷琴是以古代琴师师旷为名的一款古琴。十三徽代表十二个月，还加了一个闰月。琴有一个天柱地柱，做好后就看不到。做琴是非常讲究的，古代的传统不用化学漆，而现在很多做琴的不传统，主要还是以化学漆为主。古代用鹿角、八宝灰，八宝灰的主要成分为玉粉、玛瑙粉等。八宝灰与鹿角粉、生漆搅在一起，这就是大漆。从整张琴来看，它的岳山代表了高山，七弦代表了流水，龙池凤沼，有龙有凤，有山有水，可见古琴文化之深厚。古琴的命名，有以人为名者如伏羲、仲尼、师旷等；有以自然为名者如混沌、天籁等。最关键的是现在做琴的人，他们做的都不传统，只讲里面的构造，即这边是高音，那边是低音。其实里面每个音域和它们对应的构造都是不一样的，高音和低音，就需要懂音律的人才能做好，所以在古代会弹琴就会做琴，做琴的人也必须会弹琴。现在则不一样。

做琴的桐木，现在有选择泡桐，但泡桐声音很杂，做琴是不适合的。真正地做琴材料是梧桐，主要生长在长江流域。梧桐过去除了做琴，没有别的用处。因为它纹路很直，做出来的琴音比较干脆，不像杉木，杉木虽然也可以做琴，但做出来的效果没有桐木好，主要还是用来做琴的底板。唐代以前，主要用桐木做琴，唐代雷威开始，因为桐木不好找，他就在山里找到杉木，发现也可以做琴，但是整体来说还是没有桐木声音好。做琴对于材料要求很高，需要半阴半阳，而梧桐树就是符合这种要求，有中和之气。另外，还要挑纹路，比如说有结的，就不能要。它的纹路也要顺时针长，不能反着长。梧桐树的第一节即一米五以内的根部不能用，而需要中部。冬天不能做琴，开春以后开始刮灰，它也和大自然有一点点的区别，秋天这个琴就可以做

出来了，所以做一张琴从木头干了以后开始算，需要两年时间。

琴心剑胆今何在

古人的琴曲是随着大自然的变化而变化的。比如说《庄子·秋水》，庄子以秋天为美，秋天养的是肝，他就会弹这个曲子，不只是听，而是以音乐养生，有很好的养肝效果。道家注重的是身心合一，首先你的身体要和它“通电”。

问道：社会上一般的古琴与道家古琴有什么区别？

琴剑道人：社会上的古琴注重的是音乐，比如学院派，几乎都是卡节拍和音准，这个要求对于琴来说本来就具备的，但是琴跟音乐是两个概念。音乐大于琴，但是对于琴来讲，它又大于音乐。古代传统古琴尤其是道家古琴讲究的是一种身心合一的状态，有很多指法和身形，带有一种合劲和沉劲，跟打太极一样。现在城市几乎没有这些，我去拜访过很多名家的国际琴馆，包括马来西亚的琴馆，他们的琴馆也是学院派的。我总结出了一个问题，为什么现在人会丢失这些古书里面强调的合劲、松劲和沉劲。其实古书里面有记载，但是他们都不会用这些，失去了很多传统。

在中国著名古琴演奏家管平湖的时代，一般都用丝弦。吴景略创制的钢弦到现在只有几十年。若长期按下去，手就会变形，但是有功底的人用钢弦还是可以的。现今学院派的人就卡着节拍和音准，为了图音准，只要合拍就行，不能完全达到养生。由于古琴这个方面手型很重要，做不好的话，手会非常累，所以你看有些人弹一首曲子，他

会很痛苦，其实，他只是为了别人而演奏，不是为他自己。道家古琴首先为了达到自己舒服，然后再给别人听。现在我打算用一段时间来整理道家的古琴曲。很多门派都有各自的指法，道家古琴也有道家的指法。

问道：古琴的音律都有着各自的对应和象征。

琴剑道人：天音，就是与神灵沟通。地音、人音，人地合一、天地人合一。很有意思，再讲下去就是五行对应五音，也对应人的五脏。以人来说，宫音代表了君王，商音代表臣、民、事、物。对应七弦琴，古琴的七弦也有对应的七星。中国古代的十二律，每个律有一个声音，它是不一样的高低。相传，女娲把竹筒放在昆仑山上，然后根据每个月气候变化所爆发出的不同声音记录了十二个，成为十二律。比如说大吕，相对的是六月，大吕就是六月份插了竹筒的地气爆发出的声音。平均律已经是正常的，古代没有平均律，只有十二律。十二律里面很多都有变化变调，比如说《广陵散》是反君主的，它属于慢商调，商代表臣，臣要反对君主。当把调降下来时，则要求君臣是一样公平、平等的，他用这种音乐来反对君王，所以广陵散在古代是造反之曲。再如师旷是一位盲人，他弹曲代表了国家的兴衰。“文革”时期，古琴在中国几乎灭绝，据统计，当时中国只有几十个人弹琴。道家里面也有弹古琴的人，只是不易统计。比如近现代著名古琴演奏家管平湖，他就是跟道士学的古琴。现在的《流水》，作者张孔山，就是青城山的道士，他做的功德就很大了，现今川派打着都是他的名号。

古琴不会失传，因为它是有灵魂存在。它会有衰落，但是不会失传，因为它已经进入到人的骨髓。传承有口头传的，在张孔山时期就是口头传授。张孔山的七十二滚拂流水甚受推崇，在他之前是没有滚

拂的。

我尊崇道家，是因为道家不以美为美，而是以气和、气通为美。打个比方，你用暗劲的时候，就是人音，也是所谓的暗音，这个时候是有一定的含义在里面的。它就是气要贯通，也就是所谓的人劲合劲，气贯通，指法才能够和琴弦合。

还有一种外三合，就是手与弦合、弦与音合。如果这个达不到的话，你就没办法跟它沟通，须要融合起来。比如说用了暗音，就是人劲，必须气通才行。有很多人，为了优美，但并不一定是贯通的。

你去看管平湖的指法，非常的有韵味，他那些合劲、沉劲都恰到好处，吴景略也是如此。古琴的吟柔绰注之法完全是凭个人的感觉，每个人的感觉都是不一样的，一百个人有一百种风格。古人没有框定，留下了很大的空间。不像西方，一个框架将你框定，你必须按照它的音位、音准，不然就是错的。

如汪铎老师，虽然很潇洒自在，但他的指法也没有达到我想要的那种效果。如很多人一样都没有达到我师父所提到的那种境界。比如说勾、抹、挑有什么区别，他说不出来，我说合劲怎么合，他也讲不出来，只说出了他的理解。我也发现现在很多古琴大师，其实失去了很多古琴传统中本真的地方。

问道：那就是说，古琴，以道家的说法，就是必须要练功。不练功，这些合劲及沉劲都做不到。

琴剑道人：正是如此，但是这个功不一定非要在武术里面练习，在琴里面练也是可以的。就像道家，他一上来就必须练手劲，练沉劲及合劲。吟柔绰注，古琴曲里面是没有这个标注的，除非个别少的琴曲里面有特别标注。没有的话，你可以自己加入，所以一百个人的不同理解，有一百个感觉，有一百种节奏和风格。如现在的大师级古琴家，仔细听他们的风格都是不一样的。除非是学院派一个老师教出来的学生，可能会一样。因为学院派是有所框定的，可以控制得一模一样，包括节拍、韵味、音准等等。

问道：在不同的地方，弹琴会有不同的意境、效果。

琴剑道人：黄钟大吕是与天地相合的，道家讲的天地合一是建立在宇宙、天地、自然与人合一的基础上。如你在大自然中弹琴，居舟中、息林下，就跟在室内弹不一样，对于古琴意境的体悟就会有不同。

古人的琴曲就是随着大自然的变化而变化的。比如说《庄子·秋水》，庄子以秋天为美，秋天养的是肝，他就会弹这个曲子，不只是听，而是以音乐养生，有很好的养肝效果。道家注重的是身心合一，首先你的身体要和它“通电”。通过抚琴体察万物的变化，也只有在山中才能体会到。在古代，古琴是琴棋书画四艺之首，古代文人都离不开它，最重要的是它通五音、五行，可以概括的范围很大。

问道：道家比较经典的曲目还有哪些？

琴剑道人：那就太多了，道家经典的曲目有《逍遥游》《庄周梦蝶》《玄墨》等等。有些道家琴曲现在很少有人会弹，由于在“文革”时期，宗教受到批判，道家很多曲目被改过。夏一峰和张鹤都改过曲目。

问道：看来社会上流传的琴曲还都是泛泛而谈的，如果专门列一个道家琴曲的目录，可能很多人都不知道。

琴剑道人：是的，现在人弹得都是现代人的谱子，都不弹古谱。除了个别大师，很少有人弹古谱。这些大师都是从古谱来新译，然后成为他们自己的特有曲目。比如说龚一、李祥霆，他们会自己打谱，然后加上简谱、五线谱。这样做也有优缺点，缺点是他们要达到节拍，须要对某些音符做一些删掉和简化才能达到。优点是可以普遍发扬，来振兴古琴。

逍遥谷

问道：在很短的时间内，您在一个荒僻的地方能做到现在这样的规模，这需要一种很强大的精神支持，这是很难得的。没有精神支柱做不下来，这个可以想象得到。讲讲您和这里结缘的一些情况吧。

琴剑道人：其实也没什么，去年我也有过困惑，感觉在这里太难了。后来想想也不是那么回事。比如说要养四个小孩是很麻烦的，但是只要咬着牙也就过去了，还是挺美好的，也感到非常自豪。

松溪

问道：当时想做些什么？

琴剑道人：我主要还是想实现师父的愿望，如收养孩子。最初跟师兄弟一起做的时候，条件很好，开着武馆，有一定经济实力，可以培养孩子，我就想培养几个人才，然后从老家找了几个孩子过来。等他们都来了，问题也就出来了。

由于开始在琴人谷，地处偏僻，担心会做不起来，头脑有些乱，便去了终南山转转。期间由几个学生带着这些孩子。

从终南山回来后，身上就只有几十元，便开始开荒。由于我那时候条件非常不好，有几个学生过来，我厚着脸皮收了他们学费。又有几个崇拜者想跟我学习，慕名而来。因为那时候我名气在外，主要是在逍遥谷的时候做起来的，名声很高，别人都知道。然后我就厚着脸皮把他们拉到这里来。有一个贵州拉小提琴的人，现在想想他们还是我人生中的大恩人。

然后我就开始给学生们教古琴教太极，给他们上课。想想也很不容易，大夏天，五个人挤在一个房间里。电也不好，还要自己挑水。他们离开的时候，每人给我留下一千五百元。之后我就用这几千块钱开始做事情，情况也逐渐好起来。

问道：您夫人以前是跟着您学琴的吗？

琴剑道人：我们在逍遥谷就认识了，她是我的学生，帮助我做了很多事情，我们也是互相喜欢。双琴一直陪伴我，这一点让我觉得很不容易。

问道：你以前在逍遥谷是什么情况？

琴剑道人：以前，逍遥谷是我的几个师兄弟在，其实他们也不全是我的亲师兄弟，有的是结拜的师兄弟。那时候我从西藏去了东南亚，回来后就和他们一起做事情。因为我会做琴，他们都不会做。我也会弹琴，他们也不会。因为这一点，他们都希望我留下来。

我的古琴是跟我另外一个师父学的。后来我也开始教授古琴文化的课程，进展得很好，每一年的收入都不错。但是觉得内心空荡荡的，我就跟他们说要不就收养几个孩子，最开始打算收养八个。

因为那个时候的条件等各方面都还行，我就从广西老家找过来四个孩子，家里条件都是差一点的。后来因为其他原因，我就带着他们从逍遥谷离开了，双琴也是从那边跟着过来的。

逍遥谷是武当山景区里的一个景点，我跟师父是一个表演团。《逍遥游》是明代的琴谱，是我的一个学生雕刻的，刻完他就走了。这里刚刚开始的阶段还是很辛苦的，用水要自己挑，也开垦荒地，住的房子也不像现在这样，当时非常简陋。

双琴记

问道：能否说说您的经历，还有您是如何来到武当山的呢？

双琴：小的时候条件很差，上学都得走一个多小时，回到家后还得给家里打柴、喂猪。那时候小学上完就不上了，家里也根本没有其他的收入，不像这里还可以有山里的瓜果拿去卖，当时我们那里连木头都不值钱。

读初中时需要两千元的借读费，家里拿不出来。在家里的时候，每年春季去采茶，采完茶后就帮家里干活，如捡柴、喂羊、种地等。十三岁的时候，姨母带我出去应聘，但在饭馆里面刷盘子洗碗都不要，说我是童工。没有办法就捡垃圾，捡矿泉水瓶，为了节约五毛钱，步行长江大桥或更远的地方给姨母送饭。有时候也会用姨母的公交月卡混车，混了几天被发现后，将我骂了一顿，后来就不坐车改步行了。到了十五岁，有人介绍我去深圳做保姆，每个月350元，我存了一年的钱，总共是4200元，过年回家的时候给自己买了衣服，并给家里买了零食。第二年，我用剩下的1500元学了电脑，才开始认识了26个英文字母。等初级、高级学完后，钱也花完了。就继续打工，如刷盘子、洗碗，做了很多事情。

2007年家里的房屋被洪水冲垮了，搭了一年的帐篷。后来父母借钱买了一块地，当时也有一个小房子，但很小很烂，能够挡风但不能遮雨，一下雨就到处漏水。这样的生活持续到2008年，存款还不到两千元。

那时候和两个朋友去了福州，在一个广告公司学习，慢慢工资也高了，比之前高了几倍，但是太累了，坚持下去是因为想要父母过得好一些，给他们把房子重新改造。后来在广告公司做了三四年，因为太累了，实在承受不住了，才辞职到这边来。

刚开始到武当山也是来游玩的。那时候也没有多想，没想过会住在这里，因为从小家里情况就不好，我的责任就是想着一定要让父母过得好一点，心里才能安稳。想着来玩玩，再回去继续工作，但玩了十天左右回去工作后还是不行，连睡觉都睡不成，每天睡不好吃不下，我就想这样下去不行，如果我出了问题家里就没有办法维持。

于是又来到武当山，在武馆学太极，做事情，来来回回一两年。后来从微博上知道了古琴，就想学习古琴，因为古琴一直是我从小就

頂 琴人谷
静修之地

喜欢的乐器。有一次坐飞机的时候，在航空杂志上看到九霄环佩的介绍，觉得非常喜欢，后来就慢慢找，并在福州的时候找了一个老师学了一个月。因为我的身体没有办法再支撑下去，就放下了来到了武当山。其中有一年多的时间一直在找老师，直到在微博上看到琴剑道人和他的师兄们。他们当时在后山，等他们回来以后，我找到他们以后武术也不练了，就开始学琴。

问道：那您生命里的两把琴都找到了。

琴剑道人：她见我第一面的时候就给我写了一首诗，我给她弹了一首曲子。

双琴：我写那首诗就是想表达我找到师父的那种心情。

问道：您二位是知音嘛，对应的正好是高山与流水。古代有很多不求闻达而有真才实学的神仙眷侣，您二位这样的生活也让很多人羡慕，当然也是来之不易的。

琴剑道人：也是机缘巧合，我们共度患难。她从广告公司离开，仅仅三个月就到了我这里，一切都是机缘巧合。

问道：您在飞机上看到九霄环佩后，就开始想要学琴吗？

双琴：其实我很早的时候就见过古琴，那时候还在做保姆，看到古琴和古筝放在一起，我觉得古琴很安静，就很喜欢。但是那个时候生活艰难，想都不敢想要学琴。之后生活好了，可以有个人想法了，就开始期待学琴，后来到了武当山开始学琴。

问道：现在您家里的情况怎么样了？

双琴：去年，家里盖了房子。

问道：那您也很孝顺，走到现在这一步也真是有福报了，这真是很难得。

双琴：这些年虽说不容易，但也是自然而然走到这一步的。

问道：这种生活会越来越好的。人在千辛万苦中悠然地停下来喝一杯茶，这是很美妙的事情。

少年游

问道：您家是广西哪里的？

琴剑道人：广西梧州。家里有两个哥哥一个姐姐，我母亲要做很多事情，每到开学时看到母亲向别人借钱，我就很不舒服，便不想上学，想出去挣钱，出人头地后再回来。我记得很清楚，扒火车从南宁到西安；到了西安，我下了火车，吃饭都是在马路边那种，吃完后趁人不备就跑了。我也做过小偷，甚至想过抢劫。后来想着去太白山住山洞，我坐车去周至买了一把菜刀，顺着黑河一直往深山里走，后来发现自己走丢了，怎么都找不到太白山，却到了一个叫板房子的地方；几天后，我发现已经到佛坪了，那时候佛坪下雪了，给我印象很深，那是我人生中第一次看到雪；在翻越秦岭的时候，晚上听到有狼嚎，感觉很恐怖；之后就继续往南走，到了洋县，给我印象很深的是

遇见了几十个乞丐，我在想我怎么走到这种地方来了；再后来往东走又到了商洛、安康等地，直至西安，等于是绕了一大圈。

接下来从西安去了榆林，感觉很恐怖，因为榆林到处是沙漠。期间回家了一次，但忍不住，就第二次出去了。

我发愿出人头地后再回家，所以离开直到六年后才回家。这次出去，我扒火车去了三门峡，也不知道什么原因，我很喜欢三门峡这个地方。

后来就一直流浪，河南汝州，汝州属于平顶山管辖。当时我在一个垃圾堆找东西，也不知道要找什么，却有幸遇到一个和尚，他把我带到寺里，我开始跟他学大洪拳、小洪拳，我才真正找到一个让我感觉舒服的地方。

这时我才知道有宗教这个名称。我在寺里过了两年剃光头和念佛的日子，但小时候的心很野，也不想剃光头，这两年期间，我经常离开寺院跑出去。

整个河南附近我都跑了一遍。因为我已经有了套路，有了生存的技能，就天不怕地不怕的流浪。那时候脸皮也很厚，又是孩子，所以到处混。

因为在寺庙里要剃光头，这是我很讨厌的事情，还要吃斋念佛。每个孩子都有武侠梦，而最神奇的事情就是我有缘遇到我师父。2006年我回去拜访师父，他很好，他也知道我皈依了道家。

后来我又从信阳到了南宁，我喜欢广西的北海。因为练过武，我对练武很痴迷，我之所以逃离寺庙就是不想念佛。我有时会过一年半载回寺院一次，但是我每次回去师父都不记恨我，这是最让我感恩的事。

后来认识了两个朋友，我们三个没有去过大城市，便想去香港。一路赖车不买票去了深圳，从龙岗罗湖去了香港，不料，我们在香港被抓住，一个晚上又把我们送回大陆。那次以后我们三个人也分道扬镳了。之后在北海的一个朋友被吸收进传销组织，他把我也骗了过去，我们住的那栋楼里面全是传销人员，如果不能把亲戚或朋友拉进来就会被打，并且每天都要开会，监视别人，厕所虽然有门，但都开着，可以随时监管。一层住的是老大和监管人员，我住在二层，发现厕所的窗户是用螺丝封闭的，然后我就有一天扭开一个螺丝，待到最后一个螺丝扭开时，我和那个朋友一起逃跑了。那个朋友同他叔叔要了两百元钱，考虑没有出过国，就想去越南。那时候从广西去越南很容易。越南有个城市叫作芒街，在那里待了半个月又回到国内，从此与那个朋友彻底失去联系。

回国后，我与河南的师兄取得了联系，去了天竺山，那里有个香山寺，我便做和尚去了，在那吃斋念佛，安分了一些。半年后，当家师傅付我钱让我帮他买鸡块，给我看了地图，我很失望，后来我看到了武当山，于是就直奔武当山了。但是武当山每个月要收费一千五才

能住，便去了昆明，跟几个人表演吉他，以卖艺、捡破烂赚钱。艰难的存了一年多的钱，共计两千元，总算上了武当山，学习了一个月，当时我很崇拜武当山的道长，但因身上费用仅够学一个月，便很赖皮的待了四十天。

有一次，我帮馆长搬家，不小心脚上扎了一个很长的钉子，但我仍带着笑。我就开始想做道士，后来去了三清山，那时候开发的还不好，整个三清山只有一个道观。青城山也去了，在那里遇见了第一个贵人——杨师傅，他给了我五千元钱，给我买衣服和很多东西。后来我就在武当山和青城山两边跑。

问道：目前您对现状应该很满意了？

琴剑道人：早就对现状满意了。2006年以前我非常自卑，个子低，又感觉没有什么本事。后来我发现这些都不重要，只要你有实力，什么事情都能解决。2006年以后，我感觉自己还是可以依靠古琴和武术去生存的，所以我看到了希望。

问道：您的古琴师从于哪位老师？

琴剑道人：是我的师父，一位道长，武术是武当山的师父。

问道：在华山，你们站到铁链子上打桩、练剑、睡觉，看了令人感到震撼，很有气魄，练武可以把人的胆魄练出来。

琴剑道人：那时候是真的天不怕地不怕，有了本事也就很有底气了。

问道：现在有很多练武练得很好的，但也有练得很花哨的。您感

觉武术如何保留它的纯正性？

琴剑道人：不要太过于追求形式上的东西，比如站桩之类。我以前是个武痴，什么都学，看到喜欢的就想学，但后来到2007年出国以后，就不那样想了，感觉没有意思。我以前参加很多比赛都是第一，因为拿了两次亚军后就不想再比赛，后来把奖牌全扔了，感觉没有意思，再也不参加比赛。也不知道原因是什么，就是感觉小时候可以玩一玩套路，比较漂亮，后来就不玩了。当然套路也是很有好处的，比如拉筋，身体的灵活度可以打开，而且很漂亮。现在很多成年人，练武术就打不开，做不下去。

问道：搬到这个地方以后可以沉淀一些东西。

琴剑道人：其实我搬到武当山后山的意思就是想沉淀几年，积累一下。所谓沉淀的就是我出去游学的经历，如武术、古琴、斫琴等方面。结果没想到没到一年就被挖掘出来了。

问道：那你觉得现在都整理出来了些什么体系？

琴剑道人：总的来说就是完善，因为有些东西学了之后，要坚持做下去。比如说站桩打坐，必须保留这种元气。因为人一旦伤了元气或者被打乱，就很难再凝固起来，很难坚持，主要就是这个观点。希望通过这个道场后将自己的学识与见闻慢慢积累，并带动发挥出来。

问道：其他方面还有什么？

琴剑道人：其他方面主要就是种田耕地、古琴、看书与学习等，武术方面就是静坐和站桩，因为有时候也会遇到一些烦心事，想让自己平静一下。注意养生，包括饮食和各方面的习惯。因为我还是觉得

人的身体体能需要调节，每个人保留着平和心态很重要，不管是精神上还是体能上。很多人会一夜白发，就是告诫我们生命不要耗损在伤神及伤精力的事情上。其实我觉得种田耕地是一种很好的生活方式。

问道：耕种有什么心得体会？

琴剑道人：耕种我觉得是很有意义的事情，因为首先可以自给自足，其次不受污染，种一点吃一点，很天然很放心。

布衣清庐可听雨

——熊厚音访谈录

图片提供／魏璧

熊厚音 熊耳山下云雾草庄主人。数十年潜心于国学文化的研究，并践行易理修真之道。追求我与社会一体、我与自然一体的道德理念。崇尚自然，无心求证、有意归真。

青山幽幽半亩塘

《道德经》是打开造化之门的钥匙，亦是寻求生命解脱的最佳方案。

湖北省麻城市有个镇，镇中有个村，村里有个湾，湾内有几栋房子，房子上写着“云雾草庄”几个字。这里就是熊厚音老师居住的地方，众道友把这里也当作自己的家。逢年过节大家总喜欢回家看看，有身游草庄的，也有神游草庄的。老师说草庄是大家的草庄，是修炼者的草庄，欢迎天下所有有缘人来草庄。

“山不在高，有仙则灵；水不在深，有龙则灵。”草庄的山不高、水不深，却充满了灵动活泼。总有道友利用节假日和空余时间去草庄看望熊老师，或与老师促膝论道，或聆听老师教诲，或随老师一起劳作。

草庄是老师的家，也是老师的“自留地”。老师春夏秋冬都劳作在那片地里，看看秧苗长的壮不壮，看看小树长的歪不歪，看看哪片地该施肥，看看哪片地该除草……有的人看老师的生活，感到处处是玄妙，举手投足都是教化；有的人看老师的生活，就是一个农民干着自家的农活，朴朴素素，踏踏实实。

草庄也像是一面镜子，不管天南海北的人，谁来就照着谁，是什么模样就是什么模样，就算化了妆也能照出来。有的人照一次就看清了自己的本来面目，有的人照来照去还是那个模样，有的人忘了为什么照镜子，只是喜欢去照照。

草庄也被赋予了神秘的色彩，就像是一层云雾笼罩在上面。童谣云:“沙壅豫江口，神仙满街走。”豫江口的环境变化很少有人关心，更多人关心的是那“满街走”的神仙里是否有自己的身影。曰：

迷时草庄有云雾，悟时云雾落草庄。

山河大地总相连，人间无处不道场。

——云雾草庄学人

老师总是做着自己的事情，他把“道”握在锄头里，用汗水搅匀，再一滴一滴埋进土中；他把“道”披在肩头，冷了穿上，热了脱去；他把“道”和在稀饭里，几口喝下，经过九曲十八弯，在茅房屙出去，任你寒来暑往，任你来来去去。

《西游记》云：“佛在灵山莫远求，灵山只在汝心头。人人有个灵山塔，好向灵山塔下修。”你若懂了，便好好种自己的地，莫荒废了自家的好田！《大成捷要》所云：“劝君莫虑无知音，自有同心合德人。只管中流作砥柱，何愁孤树不成林。”我也作诗一首，曰：

半亩青山半亩塘，一条黑狗几间房。

日出着衣风随起，日落荷锄月归乡。

春种满田呈玉碧，秋收遍野有金黄。

大屏镇上三道丘
有名的犁耙能手。
合作化刚开始时候，他
家人口众多，分得田地
也最多，他能犁耙的
男人都抵不上他一个。
[illegible]，他家的田地
[illegible]好好种出来，赞誉！
就是他人吃得好的
榜样。

老人今年已八十有四，
身体仍很硬朗。
解放前[illegible]兄弟[illegible]
他在帮[illegible]
三个人合伙，[illegible]
第四日，[illegible]
[illegible]。
我到屋下脚时，老人
家[illegible]
了一天[illegible]。
[illegible]一样美[illegible]山
李子封[illegible]他
送[illegible]

游子不知身何处，拨开云雾见草庄。

若问仙湾何所异？半亩青山半亩塘。

——云雾草庄学人

日出着衣耕清风

我们想把《道德经》的一些理念带到现代人的生活中去实践并进行，这是一个很重要的环节，这也是我感兴趣的地方，我追求的是将古代文化和现代文化结合在一起并用现代语言去解释古人没有涉及的部分。

张剑峰：我看资料说你们熊氏家族世代居住在熊耳山，你们熊氏和熊耳山有没有什么关系？

熊厚音：不是熊耳山，我们背靠的这一带叫文笔山，左边叫婉山，西边叫雨钟山，这些山属于大别山的余脉。至于你说的熊耳山，我前段时间去了太行山、青城山，那里也有一个熊耳山。其实在黄帝时期就有一种对熊崇拜的图腾。熊氏这个姓是远古流传下来的，是一个古姓，源远流长。若要追寻它的根的话，便在黄帝之前。黄帝本身也姓熊，有熊氏，这一点对照我家的宗谱便比较肯定了。

张剑峰：您的哥哥熊春锦先生，道家方面在社会上影响很大，他在社会、学术上的知名度更广阔一些，我觉得你们一隐一显的这种状

态也很好，很有张力。

我们想做一个《田园耕读》的专题，实际上，我个人觉得在这样一个大背景下，不管从什么方向发展，中国文化都是从农耕开始的。虽然社会在变迁，人心却是不老的，之所以人现在有这么多问题，这么浮躁，就是因为离泥土越来越远了，远离了朴素的东西。即使现在的耕读不能再像古代的样子，我们不能再过那种田园生活，但是田园生活对于现在的我们来说能起到一个作用，就是修身养性，能让人守住最根本的东西。以养性来说，它回到了最根本。所以从各方面来说，它都值得去解读。

因为传统的田园耕读是基础，可以产生出很多文化，它是一个平台，文化在这上面能够展开。虽然现在被削弱了，其他因素减少了一些，但是不管陶渊明还是诸葛先生，修身养性和耕读都是比较贴近于道家思想。他们能够在这里将自己的心性、生命完善。我从这个村子一路走过来，看到了这里农民的生活还是多样的，看到他们赤脚下地，亲手劳作。现如今这种传统农业越来越少了，我就想在这里挖掘一些更深入的田园和耕读的价值。我们在终南山除了隐逸外，也在做耕读的事情，所以我们在山下开垦了一块田地，通过耕读和劳作来完善自己的个人修养。

我看到古代道家里面既有教团又有家学。比如道教家族世代传承，很多人在这方面了解得少一些。就像你们熊氏家族的世代传承，我对您了解的资料不多，看到资料说你们家族内部就有道家的传承。那么实际上就这个传承来说，我接触的一些道长，他们在山里面也是过着这种生活，即自己种菜，自己盖房子，所有的事情都是自己做，我想这个也是践行《道德经》思想的一个很好的切入点，所以我也就这样很唐突的跑过来了。

为了拍摄这对犁，田凯把他们从黑里黑色的屋里叫了出来，本想是往中
然后田野里拍摄，拍摄完，突然给他一条烟时，他却给我扔出了一长叹。
他小我父亲一样。敦厚宽容之人。

先前，犁和牛是
一起的，牛背上的犁
的尖顶的凸起。
如今季节所以用手
二之间，犁已老了。
犁的翻过田，田又
泥活，犁入泥太
深，牛自然拉不动。
索性犁也一歇。
但犁之何难
于牛却气不犯
常摆在那里，不犯
我想起父亲，待父
说来，竟然很
辛苦，我便拉出一副要奔流之样子来，
拿来牛吃的米的人似的。

犁字山下都为
牛字，牛是过去
是农家的主要
劳动力，而今乡下
都已经机械化，很多
的孩子们怕是不
明白耕犁为何物了。
犁与牛又不仅
辞依了。

熊厚音：你说了两个问题。第一个是耕读文化在修炼过程中的意义。这个是需要让老百姓更多知道一些的。因为现在老百姓也知道远离自然以后的生活状态都不是很理想，现今社会上的人受社会影响比较大，相对来说受自然影响就减弱了。

这是一个问题，但是这个问题毕竟不是主流。不是说你提倡农耕文化，老百姓就能普遍接近文化，但他们做不到，因为现在农村的普遍情况是抛荒比较严重，大部分农民都不愿意种地了。他们为什么不愿意种地呢？因为收入低，一部分农民在农村一年种地下来，种得好的话收入五六千元就算很不错了。而另一部分农民随便在外面工作两个月，便远远超过在农村一年的收益了，所以现在有些农民情愿将土地荒芜起来，也要去城市里打工。这就说明社会的主流对他们的影响，农业、农耕文化对他们来说已经不感兴趣了，而是对金钱感兴趣，这点也是老百姓作为社会基础所表现出来的状态。我们作为文人和修炼者也是这样去想问题，不理会老百姓的要求，仅是感觉文化好像缺失以后会对修炼有影响，并对社会似乎也是一种损失。若这样去想的话，还是很狭隘的，没有把这个思想打开。

老子曰："圣人无常心，以百姓心为心。"所以老百姓在想什么很重要，对修炼者的思想来说是一个基础。你要了解老百姓在想什么，并不是简单以为他们愿意抛弃农耕文化，而去追求世间的繁华、烟火和时髦的东西。比如说老百姓喜欢什么，我们修炼者也要去了解。老百姓为什么喜欢这些东西？为什么现代技术一直将人牵着鼻子跑？你的根到底在什么地方？就像你刚才说的那个问题，中国的根在农业文化上，但现在很多人对农业文化不大重视。而现在的人逐渐都明白了一个现象，即现在转基因的问题比较严重。大部分人在用着转基因的种子，吃着转基因的食物，这样的情况下人的身体和思想状态都被改变了，都被左右了。

第二个问题也就是说道家的传承问题，看了你的书，我想对于隐逸文化，过去很少有人提及。你可能有一种思想是要提倡隐逸文化，以及隐逸的这种状态，就是想探索它们，想把它们从真正的流传当中展现出来，这个想法我是很赞成的。但是其中有个问题，即中国文化的传承不仅仅停留在文字上。打个比方，当“文革”突然结束后，人们的文化认知就像汽车挂了空挡一般，不知道这个车子应该怎么办？走向何方？社会和人们的思想走向何方？这时期处于探索阶段，人们的思想也处于一种无奈的状态。

就是人们在没有经过时代反应时，面对那个时代的变化是很迷茫的。而这个时代就出现了特异功能，突然一下，特异功能就来到世间了。它是怎么来的呢？它绝对不是文字上记载，并到了这一天就有特异功能出现了，它是有社会的引导，我们观察这个现象心里就有底了。无论是影像的传承，还是文字的传承，它都是一种表象。过去讲门派，如这个门那个派，它有这样的记载是值得尊重的地方。但是实际上，最值得尊重的是他是一个隐性的文化根基，这也是我们修炼者应该注重的地方。

老子说很多东西应该知白守黑。应该用这种模式去了解，我们所说的隐修文化的背后到底有一股什么样的力量在阻碍着我们，这种力量最大能够阻碍到什么程度，最小又能涉及什么样的社会层面？这个问题如果将思想与《道德经》中的精神联系起来，就能够解决。所以我这么多年以来都是在做这方面的工作，并不是说我充当一位老师或者充当一个人去告知社会，并将自己的观点向社会阐明和传播。现在我只是让人们了解一下我在想什么，我在实践什么，我在参与什么。

就像您刚才讲的那个问题一样，您首先会问在熊氏家族里的祖先前辈们是否有从事过学道修炼的人，这个回答是肯定的，前辈中也有类似的修炼者，但是他们都没有达到我们现代人所应该理解的这个程度。现在完全是一个新的时代和新的领域。同时，我们也有这样一种精神，即将《道德经》的一些理念带到现代人的生活中去实践并进行，这是一个很重要的环节。这也是我感兴趣的地方，我追求的是将古代文化和现代文化结合在一起，并用现代语言去解释古人没有涉及的部分。如果这一点你没有搞清楚，而只是表现出他的隐逸的农耕文化，一直是宝贵的财富，但是现代人不认同。这里，我每年接待成百上千的各地修炼者，我也能体会出他们的思想。从普遍意义来说，他们还没有融入到社会中去，达不到那种境界，即便他们中有的人学问、修为可能很高，但毕竟是少数人。大部分人、修炼者还是在接收与时俱进的时代的状态中想要做好自己的修炼，这的确有一定难度。我觉得我应该从这方面下点功夫。

日落荷锄读月明

道学是一种“根本文化”，就像我们中国人说树根与树干之间的关系一样，一个是看得见的，一个是看不见的，而道学的根本正是这看不见的文化在影响我们。

张剑峰：目前，咱们说的传承及您的观点和我们想要表达的是一样的。除了文字和著书立说外，还需要去实践。比如说古代的一种主要方式就是言传身教，即将语言和文字的精神通过自己的身体力行去传承，这才是一个根。在一个地方不依赖文字而去生活或实实在在践行的，不管是《道德经》还是哪一部经典著作打开，这都是传承的一个根本。但是目前在这种情况下，还是少一些。我们在终南山所做的

在农民的世界，磨是生活中不可缺少的一部分，
村前之在備手推磨間，如黍、稻、荞
粉等等。
推磨是有技巧的。会用力的省，其实
也無不得長磨出來活。

為拍這些石、老的幫我奏七七
了好几户人家，方才凑齐
這副完整的磨樣。可見
農村已沒有人用它了，估計
垂暮幾十年後，依然只是工具了。

農具的美，它
的美是它的表象的
完全取材，實
用大方安置，其實
造型樸素，其實
代雕塑無法比。

无论是隐逸文化还是农耕田园，不管是陶渊明这样的文人还是其他的人，他们都无一例外，通过耕读来修身养性。通过道家，我觉得这也是一种展现的方式吧。熊老师，请您讲讲这个云雾草庄的缘起吧。

熊厚音：我今年六十二岁了。从小就爱好武术，我父亲本身在旧社会时学过洪门，就是洪熙官传下来的武术，过去的说法就叫南拳。我小时候身体不好，父亲希望我强壮起来，便教我习武，当时学习了一些基本的武术，也学了一些气功。

1979年以后，特异功能在社会上流行起来，我就开始探索气功的运动规律，那时候还是比较被动的，那个年代，气功相对来说很普遍。八十年代中期我四十来岁，按孔圣人的说法是不惑之年，我便开始想探索玄学和玄功之间到底是什么关系。当时，我对气功也有一些见解，因为在理论上结合得比较生动一些。

我读《道德经》比较早，大约是1971年，但是那个时候读得不甚理解，后来加上武术和气功的深入研究和实践，一开始是武术领域的实践，再上升到对道学的认识，开始探索道家思想的客观存在，就是我们说的自然与社会到底有什么关系。

我们本地也是属于传统文化比较有优势的地方。比方说，前国家主席董必武，他就是我们本地人，他是清末的秀才，他上的小学就在我们西南边，有一幢白色的房子，就是他原来读小学的地方，遗憾的是他们村里不重视文物，将那所小学的祠堂给拆了。另外，我们这里还出了一个武秀才，是前面一个姓宫的村庄中的人。

再就是相应的说，我们这里也出现一些在道教领域里有特殊法力的人物。所以说在古代或近代，我们这里都有把文化体现在人们的生产实践或者生活中，这样就比较密切。除了宗教信仰以外，就像过去看病抓药，通过一些道士的做法或者运用我们民族的一些特殊的医疗方式来治疗。

我们这里有一个雨钟山，过去就是祈雨的地方。我们来了二十年，老百姓就说："你们来了之后，这里就没有干旱，一直风调雨顺。"老百姓也知道修炼者对于生活还是很有帮助的，这当然是和社会接触的一个方面。七八十年代，练功有了一些深入后，就开始探索道学与社会之间的一些存在关系，后来由于社会性问题的冲击，从而开始回归到对传统文化的探索，这也是必然之路。我的观点是传承，不是要从显派的角度去体现。十多年前，有人就问是不是很多东西都失传了，我就说自然的东西从来没有失传过，人们对于这个观点不大能接受。认为这种说法有片面性，但是首先我是深信不疑的。我们当时通过练功，跟师父的信息有沟通，接受的教化又比较多，如教我们怎样做人，怎样讲究传统文化的和谐，特别是教化我们修炼者一定要把天理讲清楚。

师父说过一句很实在的话"传天道，你不传天理，那就天理难容。"后来我也从实践中体会到了这句话的严肃性。我们说天道至公，但是人有私心也是很正常的事情，这也彰显出这个世界的运动规律，即人和天道之间，是整体和局部的联系一样。我因此想到小时候体会到的一种状态，小时候喜欢养观赏鱼，养鱼就要给他们喂鱼虫，我就会去小水塘或水沟里打很多鱼虫回来，将他们养在桶里面，然后分批喂鱼吃。这时候就发现一个现象，就是每条虫子都在向不同的方向翻转筋斗，我发现他们结合起来就形成了一个整体有规律的花纹。那时候因为年龄只有十几岁，这个问题一直没有想通，后来读大学后才知道，苏联的一位科学家也观察过这个现象，不过他不是从生物学角度观察的，而是从热动力学的液态运动规律中观察到的。

当然，我读《道德经》是比较早的，再加上我在生活中喜欢观察，喜欢思考，慢慢地也理清自己的一些思想和老子思想之间的关系，也了解到了道学是一种"根本文化"。就像我们中国人说树根与树干之间的关系一样，一个是看得见的，一个是看不见的，而道学的根本就是看不见的文化在影响我们。后来师父也定期要求我们到山中做具体的实修，实修了一段时间以后，的确从客观上更加理解老子的《道德经》和客观现实之间到底是怎样的关系，渐渐地后来的路该怎么走就更加有底了，不再像过去那样盲目的练功和修炼，只是虚无的那一面过多。同时也学会了观察社会现实，更广阔、更真实地看待社会运动的规律。然后再和老子的思想联系起来，老子的无为之治或者是圣人的无不为到底是什么意思，我逐渐明白了。

张剑峰：就是说建立这个地方是经过师父的指点？

熊厚音：就像我刚才说的情况一样，练功有了一定的功能，通常会看到一种特殊的场景、状态或影像，而我们自身一开始或许还不大理解，这个房子当它还没有存在的时候就已经出现在我们的意识、视觉中间。于是我就会问师父这到底是什么意思呢？师父说将来你们就要做这样一个工作，要把它当作自己毕生的工作去做，如要建立一个学校，一个修炼的场所，让更多的人理解道的基本精神。我们一开始也以为基本的道的精神就是练练功，把思想境界提高一点，就认为是最基本的道德，但实际上后来才知道，如果人的生命是那样的话，就太狭隘了。就像我刚才所说的，要慢慢观察生活，观察老百姓的思想、状态，才知道老百姓、或者说是众生是需要我们去体恤的、理解的，不要因为他们的问题而阻碍了我们的慈悲心的生长和发展，发展到后来心情就很平静了。在实修中也能更好地跟老百姓打交道，同时可以通过老百姓的不言之教来反衬处理自己的种种欠缺。不是只看自己有什么功能性变化和境界上的理解，而是真正的从社会实践中看到自己内心的情绪。

娄的父亲如是个捕渔的，他说，一季干腊月廿九的你来，轮回都冷哀
拼们全程人一起去公安局的，偷鱼，其中有个父亲，印圈中老屁。
偷得的款，不料被当者发现的堤汛中，娄大擱繩的来茶挖，记
打捞了网中的如图在场挖船中带出整来，原来是自己老爹。

看到这老爹一大红，要是被人明中怕是要不消么。
要是被沾拿的去，到田派出所一剖蒸打这半
也能不闹罢了。
在农村以种稻剥么，每天都在口一宗。

云开雾散见草庄

给老百姓，给自己的道友、朋友一种观念的时候，千万记住不要把自己的观念树立成为绝对的，因为自己的绝对是不存在的。只有自己的相对能够扎根在人们的意识中，比那个绝对的扎根更有生命和活力。

张剑峰：中国文化的传承是通过师父的言传身教来延续的，那么，师父对你起到很大的影响吧。

熊厚音：这个问题就比较难说。老子所说的圣人到底是一种什么样的生命形态呢。老百姓和大多数修炼者都没有从中全面的走出来。这是什么意思呢？比方说在修炼者中间，他讲究门派的传承，他们的文化当然是非常珍贵的，这一点是不可否认的一个事实。但实际上作为根子来说，我们到底是进步了还是退步了？我们对于修炼的理解是不是能够达到老子那样的深度。很多人没有想这么多，把自己狭隘的文化传承当作是道家或者说道教的全然。那肯定是做不到全然的。这个问题我思考过也实践过，知道这个道理，虽然我理解我们社会上所有的传承，所有在修炼上有成就的人，他们的根只有一个不会有第二个，就像宗教里说的不二法门。

建设草庐的时候，资金很少，期间就发生了很多事情。一个东北学员做了一个梦，一个白胡子老人跟他说“你去青城山”，他在梦中问“去青城山干什么？”“你会遇见一个人，把他介绍给云雾草庄”白胡子老人如是说。他就去了四川，在元明宫，遇到一个广州的修行人，经过两个人一交谈，他觉得应该就是这个人。那个人

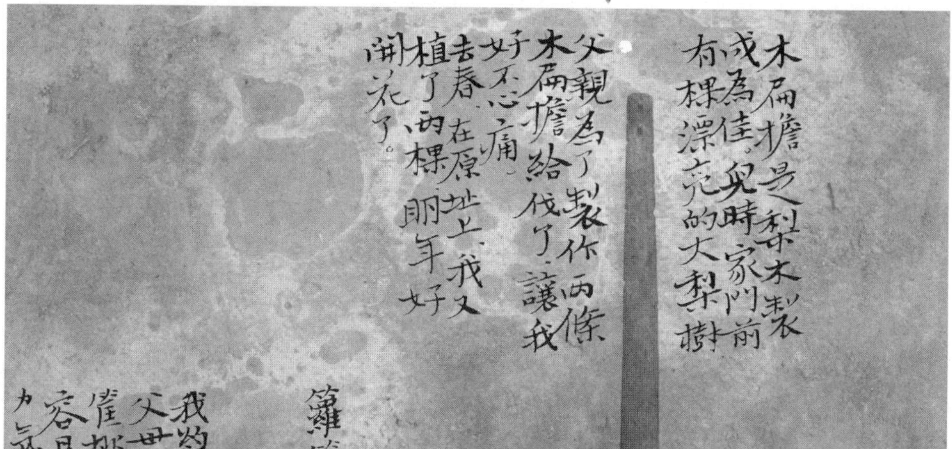
木扁擔是以梨木製
成為佳。兒時家門前
有棵漂亮的大梨樹
父親為了製作兩條
木扁擔給我了，讓我
好不心痛。
去春、在原址上、我又
植了兩棵，明年好
開花了。
木扁擔
籮筐
我約十三、四歲[redacted]搞雙擔時、
父母忙不過來，我就用此籮
筐挑穀回家，一百來斤、不
容易的，自那時起，便有了些
力氣。

就亲自过来考察，问了址姓名以后，便作为一个普通客人住了几天，令他非常感动。建设期间很忙，从设计到施工都有专业的人监理。“不是说要我来监工，你们做得很好”，那个广州人很感动，说：“你真是体现了老子的无为之治”，我说没有这个想法啊，该怎么来就怎么来。他问我要了一个账号，说要转账做点贡献。打款之前给我电话说要赞助几十万，他回去以后就把这笔钱打了过来，一下子就把草庄的事情解决了。

之前我也有难处，有一次去贵阳的黔灵公园，在我的思想很纠结的时候，我师父就来了，他用当地的方言跟我说，旁边道友给我翻译：“钱会有的，不要担心很多。”我也在想，别的事搞不成了，也可以从耕田方面来做。这种经历是一种很宝贵的财富，我愿意与大家共享这个财富。

张剑峰：我觉得你们家庭很特殊，因为你哥哥是在用另外一种形式来传播道学。在你们小时候，可能会表现出一种同样的志趣或禀赋，你和你哥哥之间从小可能有一些共同的志趣，互相会有一些影响。你受过什么影响？

熊厚音：对生命的探索上我们会有一些相互的讨论和引导，也算是接收到一些信息。在我们小时候，文化大串联，那是一个“反四旧、立四新”的时代，在那个时候，我们兄弟俩就想保留一些传统的书目。曾经花了很大的精力搜集资料，那个时候很多合作社都回收旧的图书，当废纸收购，人们也不敢保留这些东西，能卖钱的都处理了。然后我们兄弟俩就在烂书堆里到处搜。各种各样的书也搜集了一部分。可能那个时候我们就对传统文化有一种无形的崇敬。那时候革命精神正在全国如火如荼地进行，我们有这种思想是受了传统文化的渲染中产生的。看了古人写的一些比较好的东西以后，我们觉得传统文化不应该这样被一棒子打死，还应该保留一些东西。

我记得最开始看的一本书叫作《幼学琼林》，这是一种很基本的少儿入门教育课文。但是那时候的课文不像现在，很简单的地把汉语拼音编进去就行了。那时候每引用一段古文，底下就会把各个朝代的名人对于这个问题的解释都加以注释，给后人看，特别是小学生。如果想继续研究下去的，就可以从多角度去了解这个情况，即人的观点是不同的，过去的教育就存在这样的优势，也是它的特色所在。这种特色，是我读书生涯中很欣赏并且认同的。

因此，我的个人修炼也是奔着这样一个信念的，即给老百姓，给自己的道友、朋友传播一种观念的时候，千万记住不要把自己的观念树立成为绝对的，因为自己的绝对是不存在的。只有自己的相对能够扎根在人们的意识当中，比那个绝对的扎根更有生命活力，这是我个人的一种观点。

趋向于自然的翅膀

熊厚音：修炼一定要使自己的心符合自然规律。观察自然规律后不断地去改变自己的思想，也就是不断地改变自己的想法；改变自己的观念，使自己的观点越来越趋向于自然，趋向于存在。存在是一种纯自然的造化，说起来好像很难接受，实际上它是比较容易理解的，就像鸟儿在天上飞。虽然科学也创造了在天上飞的飞机，但性质是不是一样呢？肯定是不一样的，因为鸟儿是用翅膀煽动飞行的，而现在的飞机还没有像鸟儿一样有扑腾、扑腾的翅膀。这也意味着人的思维在朝着另外一个方向发展自己。

所以我们就要小心自己的思想，当我们在修炼古人的真意识或者是成真的意识，或者成佛的意识，或者修佛的意识的时候，千万不要像科学那样把扑腾、扑腾的翅膀做成一个固定的翅膀。当然，固定不动的翅膀虽然体现了人的创造性，但是天道有自身的规律，这些规律更完善一些。

筑舍南山 白云满屋

文／马守仁
摄影／张剑峰

马守仁 号冷香斋主人、南山如济、如济居士、煎茶翁等，长安人。生平无它好，唯嗜茶、书而已。读书之余，坐而瀹茗；煎水之余，起而读书，以为人生乐事，不过如此。曾有诗句曰："人生有真味，趺坐瀹茶汤。"亦日常生活之写照也。

明人屠龙在《长物志》里说："居山水间者为上，村居次之，郊居又次之。"中国古代文人雅士历来最重视居所环境，所谓"幽栖林下""养志山林""岩居穴处"等等，都是指在山水间营造园林居室，寄寓山林、修身养性。中国古代书法、绘画、诗歌，以及饮茶、焚香、参禅静坐等生活艺术和人生修学，都是在山水园林间完成的。我们观览王羲之的《兰亭序》、读诵陶渊明、王摩诘、孟浩然的山水田园诗歌，以及自唐以来的山水画作，无不是以青山林泉为基本素材。至于禅寺丛林，最初都依止山林，正如五祖弘忍所说："大厦之材，本出幽谷，不向人间有也。""故知栖神山谷，远避嚣尘，养性山中，长辞谷事，目前无物，心自安宁，从此道树花开，禅林果出也。"（《楞伽师资记》卷一）此后马祖（道一）建丛林、百丈（怀海）立清规，以山林为道场，以自性为皈依，可视为宗门规约。

进入现代社会以来，随着物质文明的迅猛发展，人类居住环境遭到了前所未有的破坏。城市里高楼林立，车辆鱼贯而行，尘霾不仅遮蔽了人类头顶的天空，也遮蔽了人类的眼睛和心灵。如何从这样日趋严重的污染中解脱出来？这或许是我们当下最应该关心的问题。已圆寂的韩国法顶禅师曾说过"大自然是现代文明唯一的解毒剂。"山林不仅是人们赖以生存的自然环境，也是人类最终得以栖息的精神家园。蓦然回首，我们久已疏远的山川河泊还在，古人书画雅意还在。

然而习惯于现代文明的我们，还能够重新回归到山林中去吗？

在幽静的山林里营造一方雅舍，手编一道竹篱，在和风暖照的庭院里饮一杯下午茶，这或许只是我们心中的一种梦想。若能将之付诸实践，该是多么奢侈的一件事情啊！

上篇 造舍

一、雅舍

终南何有？有纪有堂。

君子至止，缁衣素裳。

这是《诗经·国风·终南》中的诗句，描写的是终南山风光，我稍稍改动了其中几个字，作为自己栖居终南的真实写照。

西方哲人圣·弗朗西斯（St. Francis）曾经说过“人类居住的建筑材料应该以泥土和木料为主，这样的居所最有益人类身心健康。”目前，终南山里还遗留着一些这类“土”建筑，我们都将之保护起来，加以修缮，成为简陋的居所——也就是大家所熟知的“终南茅棚”。其他一些附属建筑，譬如厨房、柴房、茅亭、草棚、茅厕等，也尽量不使用钢筋水泥和化工原料，保持山居本色。

我住的是山民遗留下来的房子，篷窗木柱，片瓦坯墙，虽然简陋，却很实用。稍稍修葺后，就可以入住了。修葺之前，要将所有的物件都清理了，如将多余的土炕和灶膛拆除，猪舍、鸡栅也要拆除，真正可以用“家徒四壁”来形容了。再将地面、墙壁、屋顶用白灰清洗后，开始重新修建。

地面用三合土铺垫，夯实平整即可。有条件的话也可以铺一层青砖，这样更有利于防潮，而且不起灰尘。待墙壁修补后，用麦秸和泥重新泥过。稍稍干后，再用白灰黄土混合成的“泥水”粉刷一遍，这样“原汁原味”的土墙虽然简陋，却最有益身心健康，也最有山居滋味。

至于屋顶上旧的檩柱、椽头、苇箔等，则尽量保持本色，毕竟是烟熏火燎几十年的结果，能给人以朴素的感受。阁楼上的竹笆也是如此，也尽量予以保留。竹笆上重新覆盖一层芦苇席，既通风，又能防止落灰，可谓便利之举。

门窗也都尽量用原来的，破损处加以修补即可。至于房子内部的木门，除了卧室外，其他都可以拆除。待拆除后，或安装轻巧格门，或挂格帘，以通透雅洁为主。窗户尽量不要安装玻璃、挂帘等物件，用旧宣纸糊窗效果最佳。每年开春糊一次，留出上半三分之一，便于通风和观览山色；秋后再糊一次，不留丝毫缝隙，以便保暖。如有破损可随时修补，不用重新糊过。窗户纸上可写几笔字，或画几幅小画，与屋外山花松竹相映成趣，使人顿生雅意。

至于床铺、桌椅、蒲团、几案等，也尽量选择古朴雅洁的，以便和山居雅舍的韵味相符。

二、栖隐

东晋诗人陶渊明中岁即隐居故里，有诗曰：“结庐在人境，而无车马喧，问君何能尔，心远地自偏。采菊东篱下，悠然见南山。山气日夕佳，飞鸟相与还。此中有真意，欲辨已忘言。”可谓已入化境，滋味

隽永。

唐代诗人王维的诗中曰："中岁颇好道，晚家南山陲。兴来每独往，胜事空自知。行到水穷处，坐看云起时。偶然值林叟，谈笑无还期。"我辈山居就是这样，不为名利所驱使，不为钱财所束缚，也不为参禅悟道所执着，只是山居而已。渴时饮茶、饥时吃饭，困来睡觉，闲时则洒扫庭院、修理道路、诵经念佛，用以消磨余生。

我在山门上写有一副对联：客至莫嫌茶味淡，山家不比世情浓。这是"借取"古代禅堂中的现成句子，稍稍改动一两个字，作为自己隐居终南的真实写照。

至于葺山亭、搭木桥、凿莲池、建山厨，都是为了栖隐的方便而已。曾有言道"山居不但要有气象，更要有雅意。"所谓气象，不仅体现在山门庭院内，更体验在个人心志的一种拓展。而雅意就是诗意，一个心中没有诗意的人和自然山水是不能适应的。诗意，乃是自我人格的一种延伸。

三、山泉

山居不可无泉，正如园居不可无竹的道理一样。

山泉不仅用来煮茶、做饭、沐浴、洗涤衣物，还用来浇灌花果菜蔬。若山居而无山泉，不但生活不方便，也使山容减色不少。

山泉由如济居庭院后山引下来，跨悬崖、穿绝壁、走丛林。山泉到达庭院时，水势已缓，水性已柔，用来煎水瀹茗最宜。

泉水引来后，在雅舍旁筑小池一方，池中填满碎石，并预留出水孔；碎石上垒五六块大石，中间放入石制洗手钵一尊；再将泉水从竹管

引下，落入钵中，水漫溢出，浸润碎石旁所种植的石菖蒲、竹叶草、铁线蕨等，颇具雅意；洗手钵左侧安放石灯笼一尊，以备夜晚取水照明用；渗下的泉水又引至屋侧一方池塘里，养护荷花锦鲤；最后汇入溪涧，流出山外。

宋人朱熹有诗“半亩方塘一鉴开，天光云影共徘徊。问渠哪得清如许？为有源头活水来。”水活才能眼活、心活，才能明辨是非、了却尘缘。

四、石灶

山居有了山泉，必得以石灶相伴，方才不负山居幽况。

石灶自然是用石头砌成的，要能利火、排烟，还省柴，而且便捷。这才是如济心目中的石灶。

如济惭愧，自小不会烧火，更不会垒灶。开始的时候在地上挖行军灶，用三四块石头支撑起一口铁锅，稍作清理，就可以烧火做饭了。行军灶虽然简便，但下雨天不方便使用。而且干活都要蹲着身子，很不雅观，于是决定盘垒石灶。

石灶是请住山的明善师傅帮忙垒的，如济充当下手，搬石头、和泥、抹泥这些事都是如济做的。石灶花了一整天时间才垒成，第二天又继续修补，所以整整花费了一天半时间。

石灶垒成后烧火试用，果然能利火，能排烟，而且起火快，省柴省力，很适合山居使用。后来又尝试制作了泥炉瓦灶等，都非常好用，很适宜山居生活。

朱子曾关于“石灶”作诗曰：“先翁遗石灶，宛在水中央。饮罢方舟去，茶烟袅袅香。”很有意趣，耐品读。

据说距离如济居不远处的药王洞里至今仍有石灶一尊，是药王孙思邈当年在此地采药时遗留下来的，不知还能煎水煮茗否？他日有暇，当携茶器一往。

五、山厨

和石灶一样，山厨也是山居不可或缺的附属建筑。

终南山茅棚大多由山民遗留下来的旧房屋改造而成，厨房和居室连在一起。所谓厨房，只是一个很小的可利用空间：一台锅灶、一口水缸、一张案板，一些储藏粮食、蔬菜的瓦瓮、瓷坛以及锅碗瓢盆而已，说起来很简陋。

山厨虽然简陋，但很实用。灶台通常都和火炕相连，灶膛通向炕洞，再由火炕里的烟道排出屋外。烧火做饭的同时，火炕也烧热了，既节省了柴火，也省去煨炕的麻烦，可谓一举两得。这样结构的灶台很适合早春或秋冬之际使用，若夏天，则需要另备简易炉灶，以便在屋外生火做饭。

几乎所有的山厨都无一例外的黑而且暗。不但灶台黑，茅棚顶也黑，烧水壶以及锅底更有一层厚厚的油灰，很难清洗干净。这是长年累月烟熏火燎的结果，参访者偶然走进山厨，一开始会很不适应。

山厨虽然幽暗简陋，但很洁净。碗碟都码放在碗篓里，竹筷插在箸笼里，其他锅碗瓢盆也都摆放得整齐有序，这是住山者应有的生活态度。山厨里没有丝毫荤腥气味，宽阔的木案板用山泉清洗过了。山居储藏的粮食很少，调味品也很少，只能提供一些简单的饮食。

曾有诗偈曰："山厨常寂寂，素洁绝荤腥。园中椒茄嫩，篱落豆荚生。煮成罗汉菜，疗饥兼养形。"说起来也颇有一些"自豪"之感。

六、山门

一个人，一座山，一处茅舍，一碗茶汤。茅舍不但是山的庙堂，也是心的庙堂。你要有稳住心性的功夫，有担当，有定力，才能够长期住下来，才能庄严山门。

山居要有山居气象。山居气象不但指日常生活，也指我们的精神面貌和行住坐卧，也指我们的居住环境，也指山门。

佛经中说："境由心生。"又说："唯心所现，唯识所变。"《楞严经》上有段文字尤其美妙："不知色身，外洎山河虚空大地，咸是妙明真心中物。"

山居生活也是如此。茅亭、石台、竹院、莲池等一切外在的建筑、装饰，乃至一碗一钵、一茶一汤等，都是我们内心境界的外在体

现。心想卑劣的，屋前檐后鸡犬不宁，吵闹不堪；心想清净的，门边墙外花木扶疏，清净无比。所谓“幽人即韵于松寮，逸士弹琴于篁里。”“俯流玩月，坐石品泉。苎衣不耐凉新，池荷香绾。梧叶忽惊秋落，虫草鸣幽。”明人计成《园冶》里这些美妙的诗句，其实都是说我们内心的境界。

山居气象还体现在山门上。

如济居山门用旧木搭成，高近三米，顶上覆以茅草，门下铺垫一根旧枕木，木栅门，蓬草径，门柱两侧各立一捆柴荆，就成为地地道道的“柴门”了。虽然简陋，却也不失雅观，颇具山居气象。

进入山门后，还有一道竹篱门，也称“迎门”。山门是供大家往来经过的，迎门则只有雅士清流可以进入。

焚香啜茗，抚琴闲坐，或盘桓于孤松之下，或啸傲于竹林之间，俗客不来，鱼鸟不惊，最有山居雅意。

说到山门气象，忽然想到临济义玄禅师栽松的禅门公案。

有一天，义玄栽完松后，黄檗问：“你在深山里栽这么多松作什么？”义玄回答：“一来与山门作景致，二来与后人作标榜。”说罢，将镢头在地上顿三下。黄檗道：“虽然如此，你已经吃了我三十棒啦！”义玄闻言，将镢头在地上又顿三下，并发出嘘嘘的声音。黄檗说：“我这一宗到你主持的时候，必定会大兴于世！”

所以无论寺庙还是茅舍，都应该树立山门，庄严道场。清净庄严的环境总能给人以肃穆祥和的感觉。

世事了了，这几年啰里啰嗦的，又是建茅舍，又是筑山亭，凿池引泉，铺路架桥，也随缘做了不少事情。在别人眼里似乎很不容易，但在我看来只是平常。这些景致其实都是我们内心所本有的，只是借着山林的环境将之稍稍显露出一鳞半爪而已。在建筑学家眼中自然算不得入流，但对于我自己则已经很满足了。所谓“敝帚自珍”，大概就是这个意思吧。

日本茶道宗匠千利休在《南坊录》中说：“小草庵里的茶道，首先要以佛法修行为要务。追求豪华的房宅，美味的食品，那是俗世之举。家不漏雨、食无饥苦便足矣。”这是真正的茶道修习心得之语。

“随缘而作，尽力而为”这是我老年以来一直遵循的处世原则。一切事情都是自然随缘，不强求，不退心，修建山林房舍也是如此。

七、木桥

如济居山门前有一道溪流，虽然大多时候干涸，但每年秋天雨季到来时，溪流就会暴涨，所以门前木桥是必不可少的。

原来的木桥因为时间久远，已经腐朽过半，再加上桥底泥沙石块拥堵，已经失去了“桥”的实际意义。如果溪流暴涨，就有可能危及山门，于是我决定重新搭建。

搭建木桥的木料选用山槐，结实耐用。先将桥底泥沙石块掏空，再将木头直接搭在两头，用藤条捆扎固定后就是一坐简易木桥了。因为担心木头滑脚，我又将一张藤条编成的“耙子”放在桥上，这样过桥就很安全了。

佛教有“六度”的说法，所谓“度”，就是从此岸到彼岸的意思。而此岸和彼岸间的联系，就是俗称的“桥梁”。

桥有各种材质和样式，如石板桥、石拱桥、九曲桥、叠桥、梁桥、浮桥、索桥等，都是用来联系此岸和彼岸的。山居简陋，只能就地取材，用山槐木捆扎成桥。虽然简陋，却也坚实耐用，可以过往无忧。

我常常在想：那些来来往往走过如济居木桥的人，或许他们也能领悟其中的道理吧？

八、莲池

阿谁回首向终南？啼满千山复万山。
槐火新泉沫饽细，铁瓶老荈滋味宽。
莫笑蚩捱老如济，子规声里种玉莲。

这是前些年在山上种植莲花时写的一首诗偈，借以表达自己希望能够莲池化生的美好愿望。

莲花要在开春后气温回暖时种植，去年因为种植不当，莲花没有生长起来。今年将池子重新整理并栽种莲花，到了六七月间，亭亭荷花应该能够长起来了吧？

六七月份不但是荷花展叶出华的季节，也是杜鹃鸟啼唤的季节。

所谓“子规声里种玉莲”，说的就是这个季节。

宋人翁卷有《村居即事》：“绿遍山原白满川，子规声里雨如烟。乡村四月闲人少，才了蚕桑又插田。”

对莲花的认知，最早始于宋人周敦颐的《爱莲说》，虽然全文不足120字，但对莲花的描写却十分传神，堪称绝代佳作。

东晋时慧远大师在庐山东林寺结莲社，寺前凿池，满植莲花，也是有劝导众生往生西方极乐世界的用意。

如济居旁边有一个小池，因为没有水，早已干涸。遂引来山泉注满小池，在池里种植了睡莲，放生了十几尾锦鲤，睡莲圆圆的绿叶衬托着锦鲤五颜六色的身影，活泼可爱。今年又将池塘扩大一倍，想来明年的景象就更加可观了。

九、南山亭

南山亭是南山如济在终南山一处山谷中修建的茅草亭，材料取自山中草木、石块，筑成简陋的茶亭，成为修行人、云游者的落脚处。在远离都市的云朵下，它是一处幽静的世外桃源。

——引自《岭上多白云　南山如济的茶隐生活》

明人计成《园冶》曰："花间隐榭，水际安亭，斯园林而得致者。惟榭只隐花间，亭胡拘水际？通泉竹里，按景山颠；或翠筠茂密之阿，苍松蟠郁之麓。或借濠濮之上，入想观鱼；倘支沧浪之中，非歌濯足。亭安有式，基立无凭。"可见，立亭除了样式之外，更重要的是选择亭址。或山巅、或水际，松闲竹里，均可立亭。

《释名》曰："亭者，停也。人所停集也。"王羲之的流觞亭，苏舜钦的沧浪亭，张山人之放鹤亭，六一居士之醉翁亭，苏轼之喜雨亭等，都是雅士集结的停所。至于汉高祖的泗上亭，杨贵妃的沉香亭、白香山之琵琶亭，汤海若之牡丹亭等，虽有其事，山家恐难营造，徒有其名而已。

南山亭是如济居前的一座茅草亭，南对紫阁峰，东望丫髻山，西看圭峰山，北通紫阁峪。屹然伫立于山顶上，眼界很开阔。

为了搭建南山亭，如济让人拆掉坡下坍塌已久的旧瓦房三间，将椽木运至山顶。腐朽者斧之，虫蠹者锯之，榫之、卯之，规之、矩之，钉之、绳之、准之，下铺旧木板，上覆干茅草，不求雅观，但能遮风挡雨足矣。虽无亭之华丽，而有亭之实用。

绘图：王晓飞

亭成，先生独坐亭中，把盏临风，悠然四顾，志得意满，欣然曰："此真吾亭也，从此可以置茶器，携佳友，逍遥徜徉乎其中矣。"

山民笑道："人家的亭子都是雕梁画栋，金碧辉煌，你的亭子只是老木数根，藤条几茎，覆以茅草，挂以苇帘，这个也能当做亭子？"

先生笑曰："正是此亭，正是此意。"因以"南山亭"名之。

十、煮茶

明人文震亨《长物志·茶寮》中曰："构一斗室，相傍山斋，内设茶具，教一童专主茶役，以供长日清谈，寒宵兀坐，幽人首务不可少废者。"陆树声《茶寮记》则说得更具体："园居敞小寮于啸轩埤垣之西，中设茶灶，凡瓢汲罂注濯拂之具咸庀。择一人稍通茗事者主之，一人佐炊汲。客至则茶烟隐隐起竹外。"

茶庭、茶室在山林建筑中地位特别重要。生火煮泉，煎茶出汤，都要在茶室里完成，举凡地炉、茶台、茶厨等都要预先考虑，以备不时之需。

如济居茶室位于雅舍一侧，前后开窗，以通天光。左右设便门，一为客人出入口，一为茶室主人进出口。茶室面积不大，约十五平方米，一半用木板铺成，高约十厘米，以避湿气，用作茶台；一半铺青砖，设地炉，上架竹竿，缚铁索，挂铁壶，生火煮水用。茶室外为洗手钵，用来汲水。至于水瓢递月，瓦缶煮泉；泥炉炭红，砂铫水沸；投翠绿，止鼓吹，分建盏，啜玉瓯，煎茶之具齐备，烹点之情凝然，诚山居之雅事也。

明人陆树声论及煎茶时说："煎茶非浪漫，要须其人与茶品相得。”徐渭《煎茶七类》中说：“煎茶虽微清小雅，然须要其人与茶品相得。”

山居简易，偶有韵友佳人到访，不妨一效徐青藤、屠赤水故事，以尽山家热忱。至于平时饮茶，只是粗瓷老碗而已。投以粗茗，冲以沸水，青山入盏，山风拂面，耕种读书之余，用来独坐解渴最宜。

十一、瓦罐茶

山居简易，物用惟艰。除了建筑材料尽量就地取材或者选用旧料外，山居用具也是如此。锄头、铁锅、水缸、面瓮、石臼、石磨，以及粗瓷碗、旧案板、旧衣柜等，都将之收集过来，清洗干净，以备日用。冲泡茶汤的器具也是如此。

我个人如今泡茶很随意，盖瓯可泡，茶壶可泡，茶碗可泡，瓦罐也可泡。大多是根据茶品不同，选用不同器具，只需恰当掌握投茶量、水温以及出汤时间即可。

山居饮茶，以煮茶为主，泡茶、煎茶为辅。充分利用山中自然生态条件，烧火用石灶、劈柴，泡茶用瓦缶、瓦罐、茶碗。瓦缶用来贮水，瓦罐用来泡茶，茶碗用来饮茶。简朴方便，很符合山居境况。

瓦罐、瓦缶都是山民遗留下来的旧物，质地虽粗，却很有些“味道”，经过一番修整，简朴古拙中透露出些许儒雅气息，看着很欢喜。茶碗则是我特意订制的“粗碗”，颜色淡雅，大小合适，用来饮茶很好。瓦缶贮水，一般要停放两小时后方可用，这时候水性较“柔”，很适宜瀹茶。瀹茶时先要将瓦罐烫过，然后投茶。瀹茶时不加盖，这样冲瀹出来的茶汤香气、滋味感觉很“通透”。我特意给瓦罐配上麻绳提系，方便出汤。

绘图：王晓飞

南山亭上饮茶，用石磨作茶台，主客坐定后，备器煎水。水沸后冲烫瓦罐、茶碗毕，将茶叶投入瓦罐中，冲入少量水润茶，接着冲水瀹茶。约两三分钟后，就可以出汤品饮了。

分茶时用竹勺将茶汤均匀分入茶碗中，约六分满，依次奉茶毕，饮茶。

瓦罐瀹茶，风味很独特。投茶后茶香已隐约透出，袭人鼻端。出汤后捧起茶碗轻啜一口，只觉滑爽甘香，叹未曾有。沐浴着山上清风，真使人有乘风归去的感觉呢。

瓦罐泡茶在过去的农村很普遍，特别是农忙季节，冲泡一大罐茶汤提到田间地头，供干活人饮用。茶自然是粗茶，碗也是粗碗，但喝起来却别有滋味，而且很解渴。且录小诗一章：

庵茶别有味，瓦罐蕴幽芳。
午后持三碗，山居滋味长。

下篇　编篱

一、柴扉

顿脱尘羁，深处幽栖。兀腾腾，绝处忘机。绳床石枕，竹榻柴扉。却也无忧，也无喜，也无非。淡饭黄齑，寂寞相宜。类孤云，野鹤无疑。策筇峰顶，岩洞闲嬉。但看青山，看绿水，看云飞。

这是元代高僧中峰明本禅师的《行香子》词，读来颇有闲雅禅静气象。

“山中相送罢，日暮掩柴扉。芳草年年绿，王孙归不归？”王摩诘的这首《送别》更是脍炙人口。以问答的形式，形象刻画出一幅落日暮烟、柴门送别的感人场面。同时也将作者那种随遇而安、甘老林泉的闲散之情背底托出，读来韵味无穷。

柴扉，是指用荆柴编制的简陋柴门，也称荆扉。荜门，俗称栅栏门。《说文》里解说：“栅，编竖木也。”《尔雅》释义云：“阖谓之扉。”柴门是山林茅舍常见的阻挡物，也可以说是一种“结界”——阻隔山林和尘世的一道界限。元代石屋清珙禅师有诗曰：“柴门虽设未尝关，闲看幽禽自往还。古柏烟消清昼永，是非不到白云间。”此处的柴门不仅仅是一种装饰性建筑，还是山林居舍的一道象征性屏障。

如济居的柴门用料采自山闲杂木，如荆条、黄篓子、槐树枝等，这些树木材料不但便于编制，也坚实耐用。先在柴门两边立两根椽头粗的木柱；待编制柴门时，将柴门捆扎在门轴木柱上，使推拉自如；最后在门柱和柴扉上安装扣环，一道简易的山居柴门完成了。另外，如济还在门柱上架两根横梁，间隔约半尺，横梁闲悬挂一片青瓦，上面刻有“清净”“止静”“禅”“静”等字样，不但看上去颇为闲雅，而且最有山居气象。

柴门一般使用三年就得更换，为了持久，可在柴门横梁上铺设简短椽头，然后用茅草苫盖，这样便可用七八年了。

想起小时候读过的一首古诗：“日暮苍山远，天寒白屋贫。柴门闻犬吠，风雪夜归人。”寒冬之际，大雪掩盖了山居茅舍，山岭裹银，山林素装，柴门上覆盖着一层厚厚的积雪，雪地上有一道野犬的印迹，看上去也令人欢喜。

二、结篱

“茅舍疏篱今在否？松竹已非畴昔。”这是辛弃疾《念奴娇》词中的两句，抒发了作者对江山离乱后的感叹之情。篱笆又叫栅栏或护栏，山林间的篱笆一般用杂木、灌木或竹竿编结，又有“藩篱”或“樊篱”之称。相比而言，我更喜欢“疏篱”二字。陶渊明的“采菊东篱下，悠然见南山”，姜白石的“笑篱落呼灯，世间儿女”，大概都指的是疏篱吧，读来诗意盎然。

计成《园冶》中说：“围墙编棘，窦留山犬迎人；曲径绕篱，苔破家童扫叶。”编棘属于灌木树篱，而曲径绕篱，可以是木篱，也可以是竹篱。关于竹篱的具体编制法下面有详述，这里从略。

山居简易，茅屋两椽，疏离半围，游客任其往来，鸟兽从其经过。春惹暮烟，冬留残雪，虽然简陋，却也和山林茅舍相应，简朴中自有一番雅意。正如宋代词人史浩《满庭芳》所说：“柴作疏篱，茅编小屋，绕堤苦竹黄芦。”计成《园冶》也说：“编篱种菊，因之陶令当年。锄岭栽梅，可并庾公故迹。”以上都是山林间茅舍疏篱的真实写照，读来韵味无穷。

山间的界篱不同于城市园林，它要随着山势和地形来决定用树篱、木篱还是竹篱。山坡溪流边，可种植灌木类植物，用来编结树篱。这类灌木很多，如刺蒙子、野蔷薇、山迎春等。庭院茅亭四周，可结竹篱，以示闲雅。石台、菜园旁，可立木篱，仅做标识。至于石径荷池，以及山石陡峭处，则免去篱落樊笼，更觉雅洁俊爽。

三、竹篱

大约六七年前，继如济居之后，我又在山下修建了千竹庵，规模装饰一如如济居，只是改柴篱为竹篱了。这里过去称作竹园，曾经满山遍野都是竹林。五十年代山民垦荒，将竹林砍挖殆尽，但残留在地埂田头的“一小撮”竹子最终存活了下来。经过五六年时间的养护，千竹庵已经掩映在翠竹松林间了。

关于竹篱的编制方法，古书中记载甚少，但仍然能从残存至今的古画以及诗词中略窥究竟。对此描绘最为详尽的，当属日本茶庭。日本茶庭可以看作是日本园林的代表，其源头则可追溯到中国唐宋时期的园林建筑。譬如日本茶庭最为重视的石灯笼、洗手钵、步石、竹篱等，均来自于唐宋寺院传统园林建筑。这些中国传统园林建筑艺术连同茶文化一起，都随同遣唐使和留学唐宋的僧人一起传到日本，成为日本文化的核心和代表。但在其发源地的中国，随着蒙古族的入侵和满清的长久统治，却渐次式微了，不能不说是一种遗憾。

本文在即将结束之际，结合中国古代绘画和日本茶庭建筑，提供七种竹篱样式，仅供参考。

1、方格篱

方格竹篱样式简单，制作则最难。选择高约一米，直径约六厘米的老竹竿，横杆长三米，用麻绳横竖捆扎，方孔直径保持在二十厘米左右。方格篱多用在庭院柴扉处，竹篱底部为砌石，两边用稍粗的竹

柱固定，给人以疏朗闲雅之感。

2、象眼篱

象眼篱坚实耐用，直接斜插入土层约十厘米，两两相交，形成约二十厘米左右的象眼，交结处以麻绳捆扎，结顶处约十厘米。两米或三米间隔可用竹柱固定。象眼篱多用在茅亭、药圃四周，既美观，又能起到隔离的作用。

3、竹帘篱

竹帘篱样式如同编制竹帘，先竖立竹柱，然后将长竹竿横着逐个捆扎。上下宜用横杆，如同竹帘样式。竹帘篱多用在山邻间，起到如墙壁一般的隔离作用。竹帘篱底部为砌石，坚实耐用。

4、横篱

横篱的制作方法很简单，它是山林茅舍常用的结篱方法。先用稍粗的竹竿竖立作柱，高低随意，一般以六十厘米为适宜；再用细长竹竿或两或三横向捆扎，以求坚实。竹林出笋，花圃落英，最宜横篱守护。至于菜畦药圃，荷池兰苑，亦不妨四季常设。

5、竖篱

竖篱的制作方法稍难，需选用稍粗竹杆（长一米二左右），并排竖插在土里，上下横用两根长竹竿结扎固定，顶端高低不一，呈现出山居主人的独特匠心和审美意味。竖篱可用在石灯笼、洗手钵旁，既起到隔离结界的作用，又具有极好的装饰效果。

6、编篱

编篱的制作方法难简适中，用细竹竿横竖编织，务求坚实。边缘可用麻绳捆扎。编篱多用在庭院周边。

7、乱篱

乱篱的制作方法最简单，但却最难编制。先选用长短、粗细各不相同的竹竿，随意插在土里；再用麻绳随手捆扎，以简单坚实为要。乱篱看似无规矩，无模样，但其实不然。它是在熟悉了上面六种结篱方法后的基础上随意发挥。既是山居主人的任性所在，也是山林间的闲雅之意所在。“乱而不乱，不乱而乱”，大致可用来形容乱篱吧。

君子谦谦　行止有节

文／盛日

图片选自清手钞本《廿四式长生图》

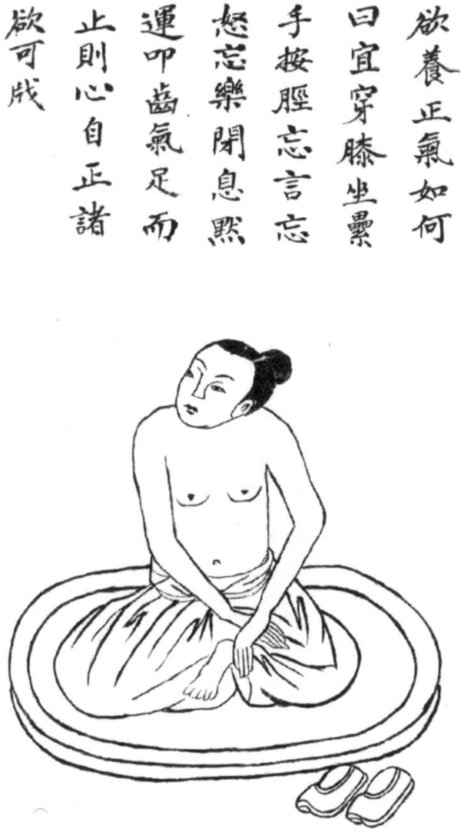

盛日 国学实践与传播者、前沿咨询机构首席咨询师、盛德文化传播公司特级培训师。多年来潜心于国学文化的研究，擅长于心智潜力的激发，专注于人生优势的建立，对人内心深处的潜能开发有独到的见解和运用。

人之一生，其形不离于行住坐卧，其心不离于魂魄神意。生命之存，道生德养，赋形寓心，以礼约之，以法修之，正圆正方，中规中矩。然其概要，终不离于行住坐卧。

行住坐卧，生命之常态，生活之本然。虽万古恒流，即百世斗转，然衣冠文物，情识灵思，含藏于此，彰明于此。观人者，观其行住坐卧而可鉴；望气者，望其行住坐卧而可辨。故修身者，亦修其行住坐卧而可得。以此而言，行住坐卧，本然之生活，本然之生命。

行住坐卧，乃日常行为，人人皆知，个个能做。然究其根本，溯其源流，推其大义，演其妙用，十中问九，不得其一。此四威仪，小视虽谓俗常规范，大观实乃证道枢机，明示气质风骨，暗隐心法秘义。惜乎其本然而然之事，今已渐渐不然。

奈何世人，以自由为号，以个性为宗，崇无拘之放纵，享自由之消遣，而致鲜活生命，坐无坐相，站无站样，外形不束不修，内神难圆难盈。自以为自由，真实乃散乱，既失于形，又亡于神，如何能与天地精神相往来，而得独立之精神、自由之思想。又如何能身心健康，安享人生。

古之至真圣贤，俱入红尘，俱劳筋骨，俱建事功。其行住坐卧，不乱其宗，不废其功，不离其定，不出其状。故有生之年，身心康隆，智慧圆满，功德巍巍。究其根本，数千年来，其形之秘，节节有旨；其心之密，法法有诀。自是门门有述，脉脉相承，言以口授，书以心传。

故有“行住坐卧不离这个”之言，即时时处处入于修身状态，自然大得其妙。惜乎今人，虽知其言，却不判其形，不操其守，不明其理，不识其妙，不务其用。虽有其身，不得其修，懵懂而来，迷茫又回；辜负大好生命，枉费大美韶光。生时未觉，至死不醒，空劳行住，徒持坐卧。

每思至此，感慨不已。竟不明文化繁衍传播，何以至此至简至易之法，至妙至奥之修，常迷大本，无端失源。每每心灰，又常常自省，更忆师训，故不揣卑陋，将行浅履薄之悟，述录于下，祈有助于有缘者。

鹤步松韵　龙乘云痕——论行

宋代张载在《张子全书·语录钞》中有言：“为学大益，在自求变化气质。”任何学问，都是从修养自身开始。

人之“行”，自蹒跚学步始，即足步入世，“行”于天下。终其一生，无人肯言于“行”之修，“行”不合道，“步”不如法。然自秦汉以降，至唐及宋，“行”之一事，已有所变；至元之后，迨及明清，人之“行”所，远不及于唐宋之飘逸洒脱，更不比于秦汉之大气奔放。今人虽未“邯郸学步”，然世风之变，亦步亦趋之势，却使世人徒具“行”之形，难见“行”之神。

闲观街市行人，尽皆形迹匆匆，神色郁郁，难见喜悦之相，庄重之相；难见神凝之相，气聚之相；难见大步流星者，两袖清风者；难见气宇轩昂者，宁静飘逸者。却多见容貌之僵紧，身体之枯硬者；多见歪身斜体者，满怀心事者。以致心神难体八风之消息，肉身不察四季之流变，真令人有“行尸走肉”之感。身心焉可无病?

行，可有“身行”，可有“心行”。身心合一之行，方为真“行”。若以古诗“行行复行行，与君生别离。相去万余里，各在天一方。”来论行之形神分离，确也别有滋味，可见“行”之秘义。

人之“行”，虽在足下，然枢机在腰胯，关键在颈肩。行走之时，举足若狸猫捕鼠，落步若泰山压顶，须足踏实地，然轻灵翔动。腿不可蹬直，蹬直则僵硬；足不可点顿，点顿则滞机。蹬直点顿之意，既似女士高跟鞋之落地，又如军士振步以蹬地，虽有形美，却伤气脉，不足取法。胯有下坐之意，尾骨含后翻之势；胯下坐可令腹实，尾后翻自至腰挺。双肩下沉，自然摆动。起初训练，幅度须大，可令手臂甩起，以手带肘，以肘带肩，以肩带身，动转脏腑。故手臂乃上下甩动，非左右摆动。若要凝神静意，劲达一体，可令手成空拳，虚虚含住，自然神凝劲整。

肩之一事，行走之中，至关至窍，至神至妙。双肩如辘轳，若因锈而滞不动，肾水如何提调，心火如何炎下。且人身之外，自存太极，太极之旋，攸关性命。人之行走，达于妙处，双肩摆动自可带动身外太极旋转，以此摧动周身真元之气旋转，而达修身之功。

行走之中，头领威仪，眼藏神韵，故头须摆正，眼须平视，不可茫然四顾，不可低头环视。始终脊柱正直，如珠盘叠，始终竖颈悬顶，一线虚领。至此，方具“行”之形，亦具“行”之势。以此行

或問腹痛如何曰宜平立以两手按腹摩三焦而運氣徐行百步叩齒三十六则氣和不反矣

走，或徐或疾，自有根基，自具魂神。

人身血脉，其流往莫不至于手足，又经手足外延而汇成身外太极。依上述之要，“行”之大旨，非简单肢体之动，实乃周身血脉真元之气之运转。人之行走，若不能带动身外太极，并推动血脉真气之运转与充盈，即不可以称“行”。行之密义，本在于此。古来大德，无不明了，故有言：“百功走为先”。如此方能行得洒脱自在，心无挂碍；方能走得行云流水，顶天立地。如此，行之明了，明了之行。

行功——太极行功要义

太极者，乃万物本生之始，有生生不息、化化不穷之谓。于功中之行，常有十三太保，即合身法八要与五行暗劲。身法八要者，松腰、坐胯、含胸、拔背、沉肩、坠肘、虎项、虚灵。五行暗劲者，掌臂、肱崩、指钻、臂炮、两膀横劲。世人皆知太极乃修持之至要，可化无尽身形手势，衍生千门万派之学，然究其行功心法真髓，无出乎十三太保。初始，可行身形手势；渐进，务求气势内涵；及后，穷究幽微之情。循序渐进，日日不辍，时时品味，方可自臻浑然无迹之境，彰明太极生化之理。至此，方有望克尽全功，接及神明。为辅功中之修，于内能多品察玩味，外间调用则明攒翻起落。学人须首重太极十三太保之行功要义。

行功之时，须澄心静意，内摒诸虑，外断诸缘，内固精神，外示安逸，常存心于无为之境。当觉周身气机融融而动，可知此乃气机引发。息心体认动之至微之处，气机已遍体流行，不能稍停，务令心意形俱寂，则周身无不轻灵，是知太极者本一。此时周身内外已浑然太极之象，内里脏腑筋骨，外间皮毛肌肤，周身四肢百骸，上下相形，左右互策，前后相需，内外勾连，动一发而牵全局，其阴阳开合之机，消息盈虚之数，已了然于心。默默守住，体认桩身，心中仍无一物，极其虚灵。须臾，气机循行处，身体已然领动，虽如此，仍觉桩身端凝，气度雍容，虚灵内含，无所偏倚。动静缓急，运转随心。而后，桩身有下降之势，腰有后挺之行，即觉腰部放松，两肾有上提拳握之感；两膝着力，有含裹之劲，觉腰部温热，继而有如沸汤之感。随桩身之微动，两股用力，臀部前送，小腹有上翻之势，两足十趾抓地，脚背弓起，有扎根之感，涌泉处随生各种反应。此时，自觉桩身中正安舒，威撑八面，下盘稳固，上盘轻灵。尻已微微向前翻起，有溜臀收肛之谓；裆劲已圆已虚，足膝已裹已合，小腹自然内收，尾闾即达中正，此乃松腰坐胯之谓。须知，腰乃上下之枢纽，命门乃枢纽之关键。腰劲不下，则两肋不敛不实，气不归田；命门不舒，潜能勿起；腰中不虚，命门不开，外能无以集，则足底不稳，上体不灵。裆乃虚实互参之关键，会阴乃关键之窍要。胯不坐则裆不合，裆不合则会阴不虚，气机不渡龙门，丹无以培，小腹自然不实。

至此，腰间一开，顿觉全体舒畅，务使胸部虚虚含住，无横气于胸，则无抑郁、沉闷之感。胸中太极环转如意，动静由心，气机自然下行于丹田。注意，含胸者，乃胸略内含，不可双肩前扣用力使之，更忌挺胸，应知身法八要者，非以力达，非以意求，乃气机循行之态势。含胸劲出，自觉脊背向四周圆展、挺拔，两肩中间之脊骨处，似有外挺鼓起之意，双肩灵活，两膀横力自由脊发，此谓拔背。此时，以意将双肩松开外展，并微微向后挺去，随之下沉；并以意行于两肘，肘尖有下坠之意，手腕须灵活。两肋微敛，腹内气机鼓荡，胸中感觉松快，此乃含胸、拔背、沉肩、坠肘之谓，须当一气呵成。胸忌合死，合死则失灵明之举，又忌挺出，挺出则气滞胸间，下盘易浮。背宜挺拔，则力由脊发，浑厚无比。肩为手、肘、身等各处太极环转，气机内敛外防之枢纽，故灵动所关，关乎于肩，务令肩中骨缝开张，下沉落实。此关键一开，则手、腕、肘之太极运化及胳膊之屈伸往来，自然灵动浩荡，尽去滞涩，肩落实则可培千钧之势，成浑厚之机。两肘下坠，合住肋间之劲，自然沟通前后、左右、上下之气机。达此，则周身气机攒翻起落，万象叠生，而已有浑然一体之概，劲整之慷。

循上，自觉有气机自脊柱而起，直贯头顶，颈为之挺，头为之正。则感周身一振，精神内蕴，一股浩然正气，油然而生，直上九霄。此时头颈正直，不俯不抑，神贯于顶，意溢于胸。自觉神气鼓荡，气势腾然，周身无一处不精神。此乃虎项、虚灵之谓。头乃诸阳之首，一身之本，由项而持，故项宜端正领起，如中流砥柱，又要轻灵活转。顶要始终顶起，不可须臾有失，否则，四肢无所附，气势无所起。顶项之领，实乃中气上提，有意无意，似轻似重，不可过，亦不可不及，过则空悬而呆板，不及又散神而滞机，故须常保虚灵之意。能虚则自然透节利窍，转关去滞；能灵则精聚气敛，势起能蓄。

当此之时，须沉心一步，使周身气机循行无端，渐渐敛入身内，透肌肤，蕴五脏而达骨髓。更须顺遂气机之行，使收发由意，调控随心。外形静而气势起，身微动而内涵蓄。外现动静之式，内化幽微之情。此为身法八要，明示坤艮坎巽震离兑乾八种气机之修，兼化太极本然之机。

欲行动式，可接上之气机运化，随心生化无尽身形手势，须参五行暗动。两手之动，随即而起，先行袖底藏劲，魂系掌心。手上不可有劲力，意微注于小指根之鱼际穴及肘关节处，掌根下沉，指尖微微上翘，须知不可用力，自然翘起，是谓坐腕。尤其注意沉肩坠肘之意。此时，可使手指有内旋之钻劲，手掌有外分之劈劲，肱中有内外之崩劲，臂间有以沉肩坠肘基底的反向炮劲，两膀相合处，有横劲，虽以劲力为叙，须知其必由内机之起落而行。

此五行暗劲暗合金木水火土之五行。即金者刚，金力坚硬；木者硬，木力自强；水者顺，水力顺下；火者暴，火力勇猛；土者柔，土力横顺。又有木力辐射，火力上腾，土力平衡，金力反射，水力下沉。宗五行生克制化而生万千身姿，引带内中气机起落攒翻，使明太极实虚进退之理。于足之运转，亦含五行暗劲。足之十指抓地，扎稳根基，脚实之时足底要平稳，涌泉要虚，即所谓起平落扣，足心涵空。足下蹬之力，可令身高；胫前行之状，称屈腿淌泥；臀下蹲，可使身稳；股相合，又令腹实。

至于身法，本无定规。纵则如其势，往而不迫；横则理其力，拓而莫阻；高则扬其身，势起而形长；低则抑其身，机落而身翻，自始至终，绵绵不断，周而复始，循环无端，如长江大河，滔滔不绝。譬如，两臂之行，骨节均须松开，肩沉肘坠，腹松胸畅，手掌微伸，指尖微展，以意运臂，以气贯指，久则内机自运。入则以掌指领起，行于肩，过肘，至指。胳膊俱有螺旋缠丝之劲。切记，意与身不可努气，唯顺内机之行而运之。两腿之行，宜同于两臂，即由足大拇指领起，以足领膝，以膝领股。故其根在足，发于腿，灵动于腕，转关于腰，主宰于心，行于手指。意随于周身，神沛乎天地。即所谓蹬之以足，行之于腿，继之于膝，活泼于腰，灵通于背，神贯于顶；流行于气，运之于掌，通之于指，敛之于髓，达之于神，凝之于耳，息之于鼻，浑然于身，规窍于毫。于高低迟速，抑扬伸缩，行止开合，屈伸往来，谨守虚灵之境，务使迎送相当，转接灵敏。于举手抬足之间，俱以太极浑圆之象为根，须求圆转自如，浑灏流行。然于初时，足行泥步，身若水中，略有滞涩，须求柔缓松劲；继则，两足似如浮起，有浮游之动，须求轻慢圆匀；至后，则身体轻灵，如行水上，有临渊履薄之感，须求灵活、和谐、连贯、完整。至此，神气必已内敛，达圆融精妙之地。于旁观者，则觉形美式奥，一招一式莫不灵活自如，一动一静，无不随心所欲。虽变化万端，然绵绵无绝。而于演者，一心宰乎其中，唯觉妙趣横生，悖不可遏，无内无外，无始无终，发于无端，成于无迹，形神皆忘。所行之式，自成法度，乃心机入妙，无心成化。故一举一动，俱契自然，一理一法，直参真如。

清泉绕屋澄心远——论住

住者，止也，立也，居也。孔门之坐忘，庄周之心斋，佛家之心息相依，道法之抱元守一，皆为“住”之精义所在。武家以桩言之，亦颇具妙义。桩者，广土之义，即广大中宫也。故人之所住，当立形以定中宫。世之万千法门，动静两兼，无不使功修之人立形定意而入中宫，行阔心、化心之途，此乃“住”之妙要。

当住之时，须将全身骨骼间架调端御正，肌肉、脏腑、周身毛窍无不松净融通，呼吸、血液、周身气脉尽皆平和畅达。于内无一念所思，于外无一物可挂。收聚精神，返视听内，虚灵独存，默对长空，

問虛弱如何曰
宜屏氣跪坐虎
視其目以兩手
托後俟氣足叩
齒嚥液能健脾
補腎

穆然恭立，空无一物。当此之时，身形之动，开步与否，不由意起，不由心发，本然而动，本然而静，须息心体认。其间无极、太极、两仪、三才之生演运化，本气机之自运，有固亨出入济覆散敛之流变，内蕴无尽体感身受，极微极细，本然动静，不由人为。此时内清虚而外脱化，体端凝而神朗然。心体天真时，以诚以默以柔；气养浩然处，勿执勿忘勿助。住如是，行如是，坐卧亦如是。故“住”之所修，非以力求，非以意取；非以形追，非以式索；非以动论，非以静研。离开己身，无住可参；执着己身，永无是处。前辈大德慈悲怜悯后世众生，为留登天之梯，令有所依循，当参各门桩法，如三体式、浑圆式、降龙式、伏虎式、活步桩等以图大进。堪言，直指人心，字字千钧。现将无极、太极、两仪、三才简示如下，以做参考。

无极体：混沌之初，天地未生。人之所住，凝定心神，万机不起，随身站立，其他无动，沉浸其下。足可略开，宽不过肩，平行或略内扣，双手自然下垂，双腿微弯，中指置风市穴处。松腰、坐胯、含胸、拔背、沉肩、坠肘、虎项、虚灵即身法八者，此形至简，内含却丰，蕴万气根本，藏百脉神机。人之一生，此式随处可见，幼小时形兼式备，自具孩童之心力，及长，渐失其形，渐去其式，知疲累而不保此态，渐入衰途。无极之修，本人人皆会，各家均备，只缘世事洞开，人心染杂，喜繁复而厌简易，以致或有形而无式，或略形而省式，成弃真求假之举，良可叹也。无极至简，造化天下，不明者众。

太极体：天地开基，万物本生。由无极而消息自来，循气机而动静自如。双掌之下，气机推动，双掌平举，飘手而起，渐至胸腹。注意，魂系掌心，袖底藏劲。细心体会，双掌之下，有一大球；两手虎口相对之处有一大球，两膝相对之处有一大球，身外亦有一大球，各球渐次旋转。此时，凝定心神，心念不起，自性不动。人之所住，此式处处皆经，门门悉备。常人只是一过而已，不深体会，不入当下；功修者亦多是一备而已，不加详审，不务其修。以致或仓促而过，囫囵吞枣，不知其精微；或枉动心意，伤机败气，难见其神妙。太极至妙，惊天动地，不明者众。

两仪三才：乃分阴阳，天地位设，万物已生，孕灵含秀。此节功夫，由太极而自然演化无尽姿势体态，人人渴求，个个仰慕。成万流千宗之学，生繁衍无尽之法，虽近神术，难成造化。唯有不离无极太极之修，方有望大成。此中之学，洋洋大观，参之者众。

立桩——太极环转秘义

人身之外存二十七位太极。自上而下有头、颈、肩、胸、腰、胯、膝、踝、足九位太极；自左而右有手、腕、肘、肩、身、肩、肘、腕、手九位太极；从身前至身后有九位虚幻太极。太极环转开手即法自头至足九位太极之修。须知二十七位太极之修，实法六十四卦方布周天之行，即宗九九之方阵上下、左右、前后三轴之机。

旋踵之时，劲由脚跟提起，足心微涵内吸，自觉一点灵气由心而发，行于手足之中。初始，觉足有凝重之感，当行其缠绵之意，方不失螺旋之劲，即可调转足踵之太极。初学之人多有拙力而无灵劲。可觉足踝之处太极之旋有阻塞之感。当须宁神静意，渐渐可化去其滞气，使环转达乎虚灵。虚则有聚，灵则有应，故随时日之积累，可觉

問理瘀血如何曰宜立反兩手拳搥背四十九叩齒四十九能散精腫而血貫通然

踝处有物旋转，渐旋渐急，渐旋渐大，具慧目者可见足踝处各有一彩球，五彩斑斓。初始，必以形起而带太极运化，久习之下，随心念而动即可感知太极之旋。旋转之时，随足踝处太极之旋转，足心处有各样反应，如针刺感、酸胀感，有风出入等，当为内机之自运，并非气功所言之发气、采气。积久可觉脚趾各关节，节节透开，有伸缩之感，足尖点地之时，似觉一气贯于足中，下柱于大脚趾，上达于头顶，中环转于足心，足下轻灵翔动之时，往往顶上可有机旋，似觉微风拂发。闭目垂心，觉两眼有渐湿之感，常见有双鱼游动，此乃水归大海，双鱼游墨。

旋膝之时，双手轻拂膝头，五指不可抓住膝盖，须保持脊背平直，不可弯腰弓背，即常保拔背之意，顶上有虚灵之感，项颈有竖领之意。旋膝之时，可觉膝头有一大球随之旋转，初始亦有凝重之举，常有重压之势，胸腹之际气血翻涌，周身气机充盈，遍体发热。平心静气，可化去燥气，自生清凉舒适之感，而觉身中太极旋转渐渐平稳。同时，两肘微沉，若然神宁思静，微闭两目，可见膝、肘、肋三环处有杳冥之象，内中可有光球连珠递进。若凝意于下丹田之处，可觉身外有物随之旋转，周身气机之行浑然一体。若有意于窍阴，则觉两耳有胀旋之感，继觉听力渐佳。真乃钟鸣谷应，一洗炎蒸。膝之旋动，常保舒缓轻柔，更须气势相形。触处皆有成圆之意，动转常涵悠然之情。

旋胯之时，两手掐腰，直立，膝微弯，脚趾微微扣地，膝有内裹之意。坐胯，保持尾闾中正，以尾骨划圈旋转。初始多有轻浮无靠之感，可凝神静意，气沉下丹田，务使呼吸深缓绵长，尤忌粗重急短。可觉腰腹气机鼓荡，足心有内吸之意，觉似有物进入，头顶有紧麻之感，亦有物慢慢浸入。继则，心沉身稳，觉一呼可直上九天，一吸可径达十地，更觉足下有根，巍然屹立，而有中流砥柱之势；头顶一线虚悬，轻轻灵灵似有吐纳风云之慨。久习之下，必知腰胯各有一球旋转，如太极锁相之状。具慧目者可见鼻中似有浓浓气柱，此乃马化龙驹之象。

旋肩之时，须肩膀下沉，松开，灵活。旋转时，有沉、松、拉、合、扣、圆、摇、按等种种劲路。沉则身稳，松则身灵，拉则开骨缝，合则圆臂力，扣则前冲而又回转，圆则舒缓即又贯通，摇肩则开河车，按肩自然培丹，种种不同，须当细细搜求。如沉松圆摇宗四正，拉合扣按法四隅。行此式时，可知胯上边缘处另挂小球，绕身旋转，可随意放飞，周身气机循流不息，渐有浑然忘我之态，内中虽有万千变化，而与参修之人似若失心。初习时有散乱凹凸之感，练久自可圆融无碍，凝神时掌指微动，似可摧动两肩之太极运转。常觉口中玉液琼浆，汩汩涌出。此时行功者可口藏珠玑，舌绽莲花，此乃龙归大海之谓。

旋头之时，周身俱要放松，心中凝定。须脚下有根，膝中内裹。裆间圆撑，腰节放松，胸部虚悬，头顶竖项，把住心中一片祥和。旋转时，头顶自有一旋领起，感觉似如漏斗之状，有物冲身而入。头之旋转似极沉，又似极轻灵，而领周身万机以动。须知头乃人身之首，顶劲领起，实为中气上提，学者当首其直贯道脉。若有意若无意，似轻似重，百机俱动，而周身筋脉骨节无不随之，天机活泼，浩气流行，动静缓急，运转随心。至此，旋转之势，圆转自如，已无滞机，渐归于浑然太极之象。初行此式，激起本丹回旋。若致腰疼腹泻，不必惊惧，二三日可不治自愈。常行此式，可觉头上大球与足下大球连为一体，旋转时见身周无穷事物纷至沓来。近身处随旋随化，周身感觉似极复杂，或轻灵或沉浑；或觉飘逸或觉稳健；或觉气势磅礴或觉缠绵悱恻，直至心性空明。

清澹退静——论坐

一坐之存，本乎于休养生息，正本归元；一坐之妙，本在于正身以待，正心以化；一坐之姿，本归于千人千相，至简至易。故随心随意者有之，随身随息者有之，随情随景者有之，随雅随俗者有之。然合于修身静坐者，自古相传，百种而已，因儒释道之别而有异同。

人之坐姿，随文化而各有其别，因时空而多有流变。宋元前之中华，坐之正礼正修，以跪坐为尚。隋唐之间，佛法东渐，盘足坐法，大开其风，即所谓跏趺坐。隋唐以前之道家，不以专事静坐为要，强调文武兼修，动静齐观，行止坐卧，重其神而尊其礼。隋唐之后，儒释道三家均偏向于静坐之修，民间亦风行，渐俗化为“打坐”之称。宋元之后，行止坐卧之变，泯性奴化之兴，使国人体质大变，心性亦大变，终从“崖山之后，再无中国”，一沦而变为“东亚病夫”。

隋唐前之跪坐，实为中华之正坐，其形炼人之浩然正气，其神煅人之风骨气质。煌煌一坐，雍容端庄，刚毅恭敬，自具威仪。秦汉之间，前及诸子，孔门庄周，正身一坐，果敢康健，凛然飞扬。观秦汉之建筑，可领略正坐之风范。

及至于今，椅床之间，弯腰斜体，垂腿挂足；沙发之坐，弓腰驼背，慵懒散漫。文化断代，文明异化，变席地而坐，为半吊倚靠；就诚挚相对，以侧身而顾；失端正平稳，成歪斜不定。站无站相，坐无坐样。一形之变，难摹其神，离根断源，遑论其魂，致失浩浩正气，荡荡风骨。岂不痛惜！

行止坐卧，古人概为“行如风、立如松、坐如钟、卧如弓”，其言简义要。坐如钟，如钟之安稳，不稍动摇；又如钟之悬空，像人之胸怀，五脏六腑置于其间，似有气举之，如星辰布列于空。或跪坐，或盘坐，均以此相为根基。隋唐之造像雕塑，多据内经正典，形美气蕴，质简式约。此后渐渐走样，佛道修行者入定之像亦变为腰驼背弓，头低目垂。

今日之状，更盛于前，不读经典，不尊圣贤，不知其源，不查流变。因跪与奴化相属，而废跪坐。竟不分跪与跪坐，何异于韭麦不分。因盘腿打坐与宗教相连，盘坐即被异化，或为神崇，或为怪视；原本鲜活之生命状态，纯正之生活状态，而被无端阉割。吾辈数典忘祖，不知己根，不知所归，崇西洋之礼仪，废修身之正举。如贫子衣珠，身怀至宝，却行乞于四方。使数千年文明难以承继，难以泽及万方。行止坐卧，至小至微之举，至大至宏之事，性情所属，文化所载，生命所系，荣衰所关，可不慎乎？

坐之精义，各家所叙，代不乏言；跪坐盘坐，形有多议，内质本一。其间佛道互鉴，多门并参，佛有七支，道宗十要。以下略示，仅做参循。

凡坐之时，先须身安志闲，一切放下。将修行之心，求功之心，急切之心，烦躁之心，尽皆放下。当无心于事，无事于心，所谓身心俱闲，休养生息，自然心平气和，陶然逍遥。现今社会，崇虚浮快捷，故人事多劳，烦恼多扰。于此将坐未坐之际，须放下，须清空，须去浊，须蕴蓄。此段功夫切勿小视，今人多不在意，身未舒，心未适，着急上坐，压烦懑之意于胸，积久浊之气于身，岂能成坐，徒增病困而已。

至身心俱安时，收足上坐。先令身心端正，目光平视。眼视前方不高不低、不远不近之处，神乃定于眼前虚空之地。夫心不正，则神无以凝；身不正，则气无以聚；眼不平，则欲无以去；视不空，则窍无以得。继之，以心意而令周身安稳平静。虽有所视，但不扰心；虽有所闻，亦不动容，身心内外及周遭俱寂然大定。此过程，可配合道家之清地平基，亦可配合佛家之身心双忏，还可配合儒门之反醒内省。此段功夫，不可简略，久则气愈平和，身愈寂然。今人嗜欲日深，须借此多去人欲，多去浊气，方可有后继功夫。

至此，可令调身。

腰宜松正，胯宜敛掖。初学盘足者，臀下可垫高二、三寸，积久纯熟，再降至一寸左右，总以舒适安稳为要。腰际一线，均须松开、挺直，令腰以上上提，令腰以下下坐，自然下盘稳固，上体轻灵。松腰则气沉丹田，力达四梢；腹畅则横膈下移，气聚臀稳。胯须藏掖，扬则身仰；臀须收敛，放则尻出。掖胯敛臀，则尾闾中正，神气贯顶。无论跪坐盘坐，或椅坐，总令足心空松，似可含球，又如吸盘，虚空内引。切勿用力，意念关注即可。

胸宜舒含，背宜圆拔。背脊竖起，有挺拔之意，非以力取，可令顶上虚灵之劲领起，尾闾后延松展，则脊骨拔开，如珠盘叠，上下顺直，左右圆展。胸可舒，不宜内陷缩扣；亦可张，不宜直挺突凸。舒胸松腹，方能上虚下实，自然舒展大方；胸腹顺直，无疑心旷神怡，身轻体健。

肩宜松平，肘宜坠合。肩不可抬，抬则气浮；亦不需扛，扛则气紧；更不宜压，压则气缩。肩微外展，平直松沉；肩头圆撑，腋开臂活。无论手势若何，或印或诀，总须肘有下坠之意，臂具圆合之势，方可气沉腹实，外挺拔而内虚空。

颈宜竖直，头宜虚灵。颈乃头与身之枢纽，形若微细，承扶却巨。常人者，往往萎缩不直，或前后俯仰，或左右侧弯，难撑一身正气。故颈须竖直，肌肉放松，筋骨轻拉，不可僵紧，如虎之颈。头乃诸阳之汇，最需正，头正则身正，培一气盈盈沛然；最需灵，头灵则身灵，养一线虚虚领然。顶上不可用力，以一意轻轻上悬，故有“满身轻松顶头悬”之言。

颔收喉藏，眼平视正。头向后引，下颌微微内收，使耳垂肩，鼻脐一线。喉结乃人身又一主宰，佛道均视为关键窍要。颔收则喉结凹陷处含藏，使胸部舒松，内气下降。此一动式，可令头顶颈正，心收神显，更具开阳补阴，顺通任督之效。眼平即为两眼一线，横拉内敛。正视即为凝神虚空，眼不落实。平则而眉开眼笑，正则精神内守。似看非看，中空不偏，定睛敛神，归窍在目，故平视空前，天机无限。道家言“机在目”，又有言“先天一气从虚无中来”。当须细参。

舌卷而抵，唇齿微合。舌卷可使气沉，桥塔自然通脉。口宜闭，

問失力如何曰宜正坐使兩拳於左右盡力按膝而運叩齒嚥液能補神氣力無不足者也

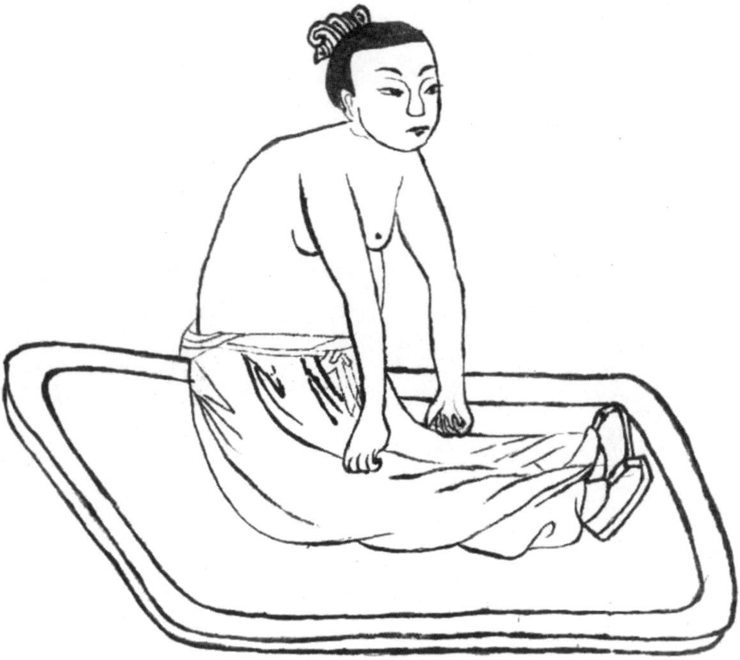

似闭非闭；齿微合，似着非着。唇放松则玉液生，齿轻触则骨气敛。待津液满口，可鼓漱令暖，引颈吞之，汩汩下落，直达丹田。津乃肾水所生，液乃心血所化，引津吞液，自可助消化而补元精。道家号为“金精玉液”，实乃养生之本，丹道之基也。

调身之法，大略如上，细参之处，多有玩味，不一而足。然总令身心清净松透，融合调达。

清者，清洁，净静；松者，如青松之崖立，有势容容，如新蒸之馒头，有气盈盈。即所谓松而不懈，紧而不僵。

调身完毕，目光平视，依然不需合眼。仍将眼光定于目前一尺左右，平视虚空，待神凝气定，再渐收至眼前一寸。俟周身气机收紧，有微汗时，移神入眼。然仍需平正，不可仰视，不可低垂。至此，可微闭双眼，或已自然半开半闭。将周身窍穴收紧，安住在眼前光明之中。常人者，多不耐此平正久视，或守窍不紧而散其神，或紧闭双目而阳气隔，以致昏沉散乱。诚如是：机不生而闭目者，盲修瞎练矣。故平视之时，以光聚神，以神定光。久则光自回窍中，生种种消息，起种种感觉，此之谓清静至极，内机自动。以此养气，以此修道，堪为入门。

初练，每坐必至有汗，方见进步，久则外呼吸断而内呼吸生，此谓胎息。常人之汗，或因负重，或因急行，或因久动，皆用力过度，虚火所发。静坐发汗，乃真阳发动，熏蒸所致。故热未退，神不可散，汗未干，身不可下，必待汗干热退，方可下坐。当须谨记。

调身毕，坐之大要已具。至此，亦可行调心调息之法，或心息相依，或六妙法门，或观想禅定，或持咒诵经。详参深究，当阅佛道经典。切记，以经典为师，以经典为证，如此，坐之精义必备矣。

澄神绝虑——论卧

卧之一事，四威仪中之隐秘者，人常须独自面对，然慎独亦恰入其趣。常人以卧为休息之道，以睡为生养之功，图体力与精神之恢复。故睡眠者，凡人生命历程十有其三，机用大矣哉。幼童，全以睡眠为生长之枢机，以静静之卧，畜生生不息之机。此时之卧，真乃休养生息。青壮，往往于劳顿时，放下身心，倒头而卧，一觉醒来，便生机焕发。不惑之年后，常发入不敷出之感慨，觉睡眠恢复精力体力之不易，常有睡，而不常有神气蓬勃之感。

睡与定有相似之处，亦具相似之功。若于睡中能依法修持，得定中之功，入三昧之境，岂不美哉。故睡于修行者有“睡魔”之称，佛道修持亦有“斩睡魔”之功。借睡以练功，借梦以修真。卧之妙义，自此而始。诗云：“至人本无梦，其梦乃仙游。真人本无睡，睡则浮云烟。炉里近为药，壶中别有天。谁知睡梦里，人间第一玄。”

古之真人，其寝不梦，其息深深。今之众人，崇尚现代化，贪图身口欲，求名利之享，废养生之道，卧不得其法，睡不得其功。或醉饱入睡，或饭后即眠，或聊天喝茶，或斗群豪饮，或贪看电视，或通宵娱乐，全然不知，卧之宗义，不可头首近火，不可当风而眠，不可露天而卧，不可覆手张口。须清心入睡，闭户密室，安床暖席，常护肩颈，暖足冷头，枕硬而高。宜侧身屈膝，收心摄念，精神不散。令神归心，魂归肝，魄归肺，意归脾，志归肾，五脏各安其位而寝。故

欲養元真如何
曰宜仰卧挽右
手攀左足伸左
手按右臂法而
運則其丹自足
反老還童也

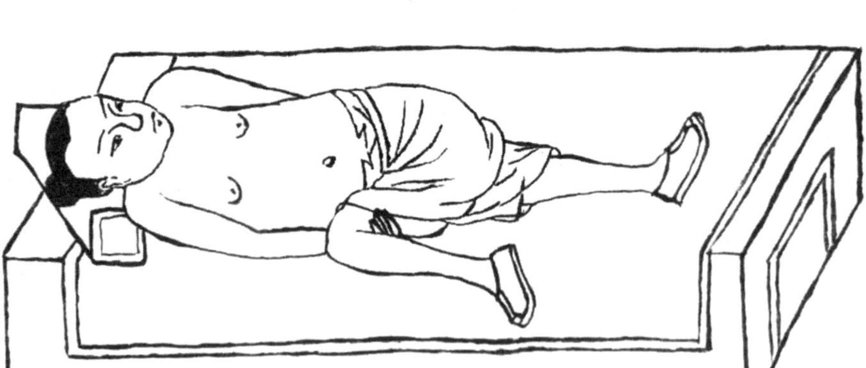

人之睡眠，不在时多，而在睡熟。若能无梦，自能伏气藏神，抱元归一。致令其觉也无忧，其寝也无梦。

卧，有仰卧，有侧卧，有半靠卧，种种之便，随人而宜。摄先天之气者，以仰卧为佳，得效最快，俗称摊尸，宜于午时或短时之修。若得神气合一之功，则侧卧为佳，故有吉祥卧、狮子卧之名，或心息相依，或存神丹田，或光明入心。究其本根，致虚极，守静笃；未学生，先学死。

卧之起始，先睡心，后睡眼。临卧，可选一姿势，以舒适为度，四肢摆定，完全放松。已往事，勿追思；未来事，勿迎想；现在事，勿留念。静卧于床，澄神绝虑，悠然自得；怀白云高卧，世无知音之感；有清灵空虚，一尘不染之机。不可急于闭眼，环视周围，令心气渐平，周边渐静，将俗欲尘虑散去，烦心浊意化去。片刻之久，自然身心俱寂，其形愈觉舒然，其神愈觉凝然。至此，神气自然归根，入于丹田之内；呼吸自然绵绵，纳于气海之中；心息相依渐而相忘，恍然间不觉合眼而眠。虽熟睡，仍常惺惺，心地湛然。方为不世之修。

临醒之时，当先醒眼，后醒心。故将醒未醒之际，不要睁眼，保持朦胧恍惚之状态。片刻后，以手置眼上，罩定双眼，微微熏蒸，后揉搓双目。睁眼，环视周边，务令沉浊之体气散去，务令僵硬之身感散去。然后慢慢辗转身躯，方可起卧。起身后，可不急于下床，当于床上静守或盘坐片刻，或呼吸吐纳，或按摩导引，或咒语丹诀，亦或悠然自乐。务使身软气柔，体苏心醒。亦如重生，和畅舒适，轻松自在。至此，方可下床。

卧之所行，其义幽深，其功至妙。欲以功参，可研丹道禅密武医之学，深入谨行，必有大获。然初学之际，睡眠不可过多，亦不可过少，过多则精神昏昧，心智迷蒙，且久卧伤气；太少则休息不足，身体疲软，易感病灾，故修行自不废睡眠。初学有睡无定，久修则有定无睡，终侧定睡一如。卧功行到好处，自可入于大定，一念不生，心同虚空，大休大息，身心两忘。入大道之幽微，夺自然之玄妙。卧之要义尽矣。

行住坐卧，各有其法，各有其功。上述所叙，仅为入手之法，修身之基，久则可保健康。然真正入道，尚须真师亲授，尚须不离经典。古人一言以概之：行则措足于坦途，住则凝神于太虚，坐则调丹田之息，卧则抱脐下之珠。故曰："行住坐卧，不离这个。"

文房清供

文／高铖临

摄影／松云轩

高铖临　号木砚精舍主人，于著名国画家陈子林、陈国勇、李秦隆教授门下受艺，擅山水花鸟，承传统文人画品格。好诗词，常饮茶，好佛道之学，研读孔孟老庄不辍，多有获益。闲余尤喜收藏，存文房木器等古物百十件，十数年常与三两好友共赏相鉴，颇有心得。

幼年时，我随父母兄长住在姥爷留下的一幢百年老宅里。不安分的心理驱使我对这座老宅里的每个角落充满了好奇并进而“探索”：整日里翻箱倒柜、抠墙挖土。招来了不少训斥与责骂，但却从未停手，乐此不疲。一次偶然翻到姥爷曾经用过的一方砚台，喜出望外。那是一方端石长方形砚，砚身和砚盖皆以端石刻成。整体为一带束腰的须弥座式，砚盖上海棠形开光，右侧内刻上两杆仿佛在风中摇曳的瘦竹，左半边留空不琢一刀；砚堂是顺池砚做法，平素开阔，砚底有四足；砚身四周线刻卷草纹，整体虚灵幽远、静穆凝重、雅致文气，是一件典型的文人书房用砚。看到它的时候一眼就喜欢上了，抱在怀中，狂欢而歌，从此结下了文房之缘。

文房四士　今古常新

“水复山重客到稀，文房四士独相依。”陆游的这首《闲居无客所与度日笔砚纸墨而已戏作长句》诗中所说的“文房四士”便是“文房四宝”，即笔、墨、纸、砚，而文房四宝只代表文房用具中的一小部分。文房之名，最早起于我国南北朝时期（公元420—589年），

《梁书·江革传》云："此段雍府妙选英才，文房之职中博总卿昆季。"另《南史·赵知礼蔡景丽等传论》都提到"文房"一词。文房原指国家的常设机构，系典掌文翰的地方。唐代大诗人杜牧在《奉和门下相公送西川相公兼领相印出镇全蜀》一诗曰："彤弓随武库，金印逐文房。"此处的"文房"，就已经是指文人的书斋。自此，始将文房指向文人书房，这一概念也成为了文人书房特有的专属用词。南唐后主李煜专刻"建业文房之印"钤盖于他所收藏的书画上，此时，文房也作为鉴赏书画和存放书籍之地。当时的澄心堂纸、汪伯立笔、李廷硅墨、婺源枣心砚被誉为"新安四宝"，在一定程度上推动了文房四宝的发展。

中国古代文人的生活是以书房为中心的，他们富于情趣的生活也是从此发展开的，古人有"以文为业以砚为田"之说。书房即文房，文房里的所有装饰及实用之器物都称之为"文房清供"。

中国古代文人雅士的书斋文房，其突出特点是以金石、古玩、书画、为主，烘托出平和、安宁、幽静的氛围，反映出古代文人所追求的是一种与世无争、悠闲安逸的生活。即所谓"宁为宇宙闲吟客，怕作乾坤窃禄人"（唐代杜荀鹤《自叙》）。

文房内平日清静幽雅，须尘垢不染，闲暇无事时观赏书画，摩挲古鼎彝尊，弹奏雅乐古曲，逍遥自得，以终天岁，也算是福寿无穷，不虚此生。

唐代刘禹锡的名篇——《陋室铭》便描写了文人的书斋生活，寄物以言志，虽然"斯是陋室"，然能"惟吾德馨"，是因其"谈笑有鸿儒，往来无白丁。可以调素琴，阅金经，无丝竹之乱耳，无案牍之劳形。"

六艺之中仅"射""御"是习武人所学，其余"礼""乐""书""数"四艺皆属文人所操，但这四项却也是习武之人所追求的一种修养，故武将多论文章，文人善舞剑器。如文人书房常常悬挂宝

剑，即所谓琴心剑胆，这也是中国传统中的文武之道。这种风尚从周代即已开始，至唐宋已成体系，到明清臻于完善。当代所承袭的文房用品，无论材质、工艺、功能、造型等都保持了明清以来的特色。

古人对文房清供的考究是颇费心机的，历代多有书籍予以专门记录和介绍。如宋代苏易简著《文房四谱》，这本书介绍了笔墨纸砚在文房用具中的地位，并加以描写与评述，成为宋初文玩清供风尚的发端。宋徽宗以一个文人书画家的眼光，还亲自主持编纂了《宣和博古图录》。南宋赵希鹄著《洞天清禄集》，阐述了各类文房清供的鉴别方法。欧阳修所著的《集古录》是中国最早一部研究石刻文字的专著，之后还有赵明诚的《金石录》。明代文房热催生了文化热，关于此类书籍的品种较之宋代更多，如董其昌著《古董十三说》，高濂著《遵生八笺》，杜绾著《石谱》，文震亨著《长物志》，曹昭著《格古要论》等，许多有关园林的著作或多或少也都涉及文房陈列与书房建设。清初，康、雍、乾三朝皇帝极为爱好文房用具，并极力推广，使得文房用品的设计达到登峰造极的地步，各类考据赏玩、鉴古的专著更是层出不穷，读之令人叹为观止。

“明窗净几，罗列布置，篆香居中，佳客玉立相映，时取古人妙迹以观鸟篆蜗书，奇峰远水，摩挲铜鼎，亲见商周，端砚涌岩泉，焦桐鸣玉佩，不知身居人世。所谓受用清福，孰有逾此者乎！”

——【宋】赵希鹄《洞天清禄集》

在文人眼里，仙苑瑶池又能怎样，哪能比得文房轻盈自在、别有趣味。世界上没有第二个国家像中国古人这样把文具作为文化发展得如此淋漓尽致，令人叹为观止。文房清供仅品种就达百样之多，丰富多彩，且都能自成体系。明末屠隆在《考槃余事》一书中列举文房器具四十五种，另有各类纸笺十多种。目前存世的文房清玩，以清代居多，宋元极少见。文房清供除笔墨纸砚“四宝”外，大致有以下诸类：

笔用类：笔格（架）、笔挂、笔筒、笔插、笔床、笔船、笔屏、笔帘、笔匣、笔海、笔篓；

墨用类：墨床、墨盒、墨缸、墨屏、墨匣；

纸用类：镇纸、压尺、裁刀、剪刀、界尺、毡垫、画缸、剑筒、贝光；

砚用类：砚屏、砚匣、笔砚（舔）、砚山；

印用类：印章、印匣、印泥盒、调泥笺；

水器类：水滴（注）、水盂、笔洗、水勺、水中丞；

调色类：格碟、调色缸；

辅助类：臂搁、中华糊斗、蜡斗、帖架、瘿瓢、书灯、诗筒、文具匣、香橼盘、书架；

其他类：香熏、手炉、香炉、数珠、拂尘、冠架、古琴、拜帖匣、官皮箱、瓶觚、如意、铜镜、宝剑、算盘等，以及书斋家具中的案、几、桌、椅、橱、榻、凳、架、屏等。

对文房最为钟爱的，无外乎是那些书画家们，文房中所有用品也都是为书画服务的。中国古代的书画家大都是文人士大夫阶层，他们饱读诗书，擅书能画，同时还通音律，擅操琴，常对弈，诸艺皆能。

文房是文人书画家的必备之物，犹如美人之镜，须臾不能离身，它一旦走进文人的生活，便具有了文人色彩，不仅以实用为目的，更成为文人赏玩的对象。

古代文人写字都是从右向左写，为防止手上或衣袖沾墨，就产生了枕臂之具——臂搁。而竹片肚稍虚起，不惹字墨，最为合适。由于常置案头，臂搁身兼饰物之能，注重外表就自然而然了，不仅要讲究材质，雕镂制作工艺也要相当精湛，文房用具就这样逐步变身为赏物、艺术品。

学识的修养加以文人的审美使得他们对于器物并不仅仅停留在功能性的使用上，而要附之以文化，尤其是文人审美的品位和价值取向。换句话说，文人的生活不能仅满足于物质层面需要，而应升华到对理想的追求和精神的超越上，因而文房已然成为体现人生生命意趣的媒介。明代文征明曾言“人品不高，用墨无法”。人品决定画品虽有偏颇和局限性，但它从一个侧面折射出了书画家的修养及他对书画的追求，而一个文人的修养自然离不开诗词、集古、文玩鉴赏、琴艺等士大夫所好之事。

书画之道　文房之妙

郭熙在《林泉高致》中言“看山水亦有体：以林泉之心临之则价高，以骄侈之心临之则价低。”书画家对于各类赏玩之物的兴趣绝不仅仅是好奇或贪财储集，它完全是内心精神生活的一种韬养方式。通过一定的学习、历练，学识会大大增加，继以提升书画家全面的人文修养和素质，自会有“林泉之心”，如此书画作品才会“价高”。书画家以物质为载体，常常以丰富与饱满的感情进行创作，抒发心中对自然对人生的体悟与感受，而这种感情是需要经历一番洗涤的。一方面要克服个人和私欲的要求，另一方面还要处理主客观对立的矛盾。

克服这些困难只有通过“移情”才能完成，以达到物我合一的境界。“移情”是画家对自然万物审美的条件和积极的因素，而成就“移情”的主要手段或途径便是提高修养。

庄子说“虚室生白”“唯道集虚”。文房作为画家的主要活动空间，不仅承担着书画创作的硬性任务，更发挥着涵养书画家心灵的隐性功能。故而中国文人画家的画室更像书房，区别于西方画家类似车间一样的工作室。那一碇墨、一方砚、一笔筒、一水滴、一印盒、一书架、一床琴，构成了一个读书人特有的娱情空间。在这里，画家们冥想天地往来之境，感悟宇宙“道”体之机。作为中国古代社会文化中坚力量的文人士大夫阶层，非常注重心灵的宁静，追求生活的品位，他们懂得修身养性，托物怡情，逐渐形成了博大精深的休闲文化系列。他以物质文化为依托，同时又升华到精神文化层面，成为传统文化的重要组成部分，因其与日常生活密切相关，所以更容易切入并揭示先人的精神世界。在这个精神世界里，“道”的体悟与追求是其核心内容，也是文人精神的最高境界。

“道”的精神出于老子，任务落在知识分子身上。两千多年来，中国知识分子不断孜孜以求“道”的最高境界。庄子说：“夫道，有情有信，无为无形，可传而不可受，可得而不可见。自本自根，未有天地，自古以固存，神鬼神常，生天生地。在太极之先而不为高，在六极之下而不为深。先天地生而为久，长于上古而不为老。……莫知其始，莫知其终。”《庄子·大宗师》中的道是超时间、超空间的绝对存在，在文人看来，是恒久不变的，天地正生于此。而位于天地之间的人，恰恰是连接天地的纽带和桥梁，可是人生于时间长河中又是何其短暂，于空间的无限广大中又是何其渺小。文人希冀通过一定的介质使自己具有主宰宇宙的力量，能够使精神永存，灵魂不灭。这便是在有限中争取无限，于短暂中获得永恒，亦是文人面对自然天地对

个体生命的关照与怅然。“道”具象于生活、礼乐制度，表象于“艺”，灿烂的“艺”赋予“道”以形象和生命，“道”也给予“艺”以深度和灵魂。

“学以求知，先别品流。志道据德，依仁游艺，正人心，端风化，参手造化，妙合自然，此其上也；博综古今，师友圣哲，淡泊可安，狂狷自守，不阿时以取容，不矫奇以立异，此其次也，至若是声华标榜，凭荣辱于毁誉，泯嫥壹之趣，观乎人品，画乎可知。”（《黄宾虹美术文集》）明人董其昌所言“读万卷书行万里路，方可作画。”并非望文生义地看作读书与旅行，本质是谈画家涵养问题。中国画学是一门学问，不是简单的技巧性展示，其内涵广大，源远流长。中国的艺术把对观念形态的表露作为首要任务，抒发一种性灵，观念形态的深入必然将所有一切实用型文具逐渐导入到观念型的文房之中。

黄庭坚在《跋东坡书远景楼赋后》中曰：

> 东坡书随大小真行，皆有妩媚可喜之处，令俗子喜讥评东坡，彼盖用翰林侍书之绳墨尺度，是岂知法之意哉？余谓东坡书，学问文章之气，郁郁芊芊，发于笔墨之间，此所以他人终莫能及尔。

这段话虽然在讲书法之法与意的问题，但其间有一句甚为重要，即“学问文章之气……他人终莫能及尔。”如苏东坡这样书写能力的人在宋代绝不止少数，但若要书法里能够流淌出学问与修养，是不容易做到的，故“他人终莫能及尔”。

中国书画的创作侧重抒情写意，而这抒情写意的任务必须具备两个条件：首先，此情此景有几多价值，可否抒发？其次，在具有一定价值情感的条件下，以什么样的方式将之抒发，这就是抒情的能力问

题。上述两个条件均与书画家的学问修养紧密相连。只有熟练的书写绘画技巧，没有同其他相关学问艺术相互浸染、借鉴，没有丰富的积累，只能沦为巧手画匠；同样，如果只有丰富的情感生发，而没有足够的修养见识作为基础，书画的表现力不够，依然不能有效地抒发出来，最终也无法成为有成就的书画家。

文房的陈设直接以物化形态表现文人的审美价值取向和艺术修养格调。中国传统美学把一切审美活动都归结在静心观照的活动中，观赏者以忘却一切的心境去凝神观照，这时，在观赏者眼中只有那似乎孤立的物象，并最终与物象达到默契神会，所以中国艺术以静为美。“陶钧文思，贵在虚静。”（《文心雕龙》）“欲令诗语妙，无厌空且静。”（苏轼《送参廖师》）潘天寿对此也有过精准的表述“古之画人好养清高旷达之气，为求人心境之静远澄澈，精神之自由独立，而弃绝权势利禄之累，啸傲空山野水之间，以全其人格也。”又云：“画格即人格之投影，故传云：‘士先器识而后文艺’”（《潘天寿画论》）

达摩与其弟子有这样一个故事：

达摩祖师曰：“时将至矣，汝等盍各言所得乎？”

时有道副对曰：“如我所见，不执文字，不离文字，而为道用。”

祖师曰：“汝得吾皮。”

尼总持曰：“我今所解，如庆喜见阿佛国，一见更不再见。”

祖师曰：“汝得吾肉。”

道育曰：“四大本空，五明非有，而我见处，无一法可得。”

祖师曰：“汝得吾骨。”

最后慧可礼拜，依位而立。

祖师曰："汝得吾髓。"

慧可一言未发，静默伫立，渊然若深，完全进入到平和、倏远的禅境。而文人对书画文房的再三把玩，也正是捕捉和获取这种类似禅境的心境，悟禅、参见中使内心及肉身得以解脱，从而获取创作灵感，凝养身心。静观即是生活目标，也是修养状态，从"忘怀万虑"开始，实现为"同其流荡"。文人于书房之中远离尘世，寄托精神，这里俨然已是一个遨游于自然宇宙的超现实的工具。其实大多数文人士大夫本身都具有双重身份，甚至是自我规定的。一方面在朝为官，论天下而安四方；退朝回来，便躲进书斋，沉溺于书画文房的赏玩，享受着一个隐士的生活。这种积极但不近乎狂热，消极却不废于荒颓，怡然自得、俯仰适意的生活状态正是"惟于静中得之"。古人好古，喜收藏，在藏品中往往寄予着他们的志向和情趣，像赵明诚、李清照夫妇能"便有饭蔬衣綀，穷遐方绝域，尽天下古文奇字之志""虽处忧患困穷而志不屈"，常令后人敬佩不已。品鉴古书画、古器物能够将文人引向遥远的时代，使之有一种脱俗的意境和特有的文化艺术享受。按照道家观点，这些活动便是消除自我，使物与我、景与情达到内在和谐的无我之境。

澄心文房　雅观脱俗

卷轴画约盛于宋代，前代多以壁画胜，围观者可达数千人，画家也大都以此为乐。吴道子"一夕"而成三百里嘉陵江山水于壁上，可见其气魄之大。但壁画几乎不为文为人所习，最终没落于画工之手。

而在两宋时期，卷轴画的诞生使欣赏归位于更隐秘的文人书斋。卷轴画尺幅较小，收卷方便，容易更换，极便于文人尽情挥洒，更适于在书斋悬挂，展玩鉴赏。这样，文人的性情就逐渐趋向于内在细腻和温文尔雅，而由此引发的书房装饰便轰轰烈烈地展开了。

文房四宝是文人风雅的标志，历代文人对之极其珍视。文人对书画的器具也极为讲究，这种种围绕书斋建设的各类器具，既是摆设，又能增添室内的风雅情调，展示主人的高尚审美意趣与文化修养。

“澄心堂”为南唐后主李煜专设，以生产和收藏澄心堂纸闻名于世，这种纸在当时就极其珍贵，直到宋代还在文人手里流散。欧阳修得此纸，便赠予梅尧臣，梅氏惊喜之意溢于言表，日夜把玩，如痴如醉，且赋诗曰：“江南李氏有国日，百金不许市一枚。澄心堂中唯此物，静几铺写无尘埃。”苏轼曾于智永弟子辩才和尚处得一歙砚，喜爱倍加，写咏砚小诗一首：“罗细无纹角浪平，米丸犀壁浦云泓。午窗睡起人初静，时所西风拉瑟声。”

据《歙县志》记载，南唐后主李煜有一方长约尺许的歙砚，砚前刻有大小山峰三十六座，当中琢成砚池，后为米芾所得，米芾即以这方古砚换了苏仲恭的一座豪华宅邸。歙砚价值得到进一步提升，名声大噪，可谓价值连城。

南宋赵明诚、李清照夫妇常常节衣缩食，购买钟鼎彝器、金石文字书画，有时无钱，竟“脱衣市易”，传为美谈。由于文人竞相对文房的广泛搜罗，到明清两朝，愈演愈烈，文房更是身价百倍，在古代社会中只要稍有身份，略识文字者，均会设有书房，并且陈设笔墨纸砚以为点缀，显其文雅。

宋代米芾、苏轼都曾参与诸如书画、笔墨、砚台、赏石等文玩的鉴赏、生产与制作。米芾本人身体力行，亲自装裱字画，每得古人名迹，必亲自装裱或找人装裱且予以细心指导。及至明代，制作文房的工匠大都同时具有文人身份，或是与文人名士有密切往来，交流合作，共同设计制作各类文房用品，成为一时风尚。

王世襄先生《锦灰堆》中有一篇《文人趣味与工艺美术》的文章，以董其昌、李日华品藻书画的标准延及明清士风趣味，有曰：“董其昌、李日华都高度推崇平淡天真、纯出自然、天真求工而自工的艺术品。同时，他们也称赞全神贯注，精工之极，雅而有士气的艺术品。……具有一致性和普遍性的文人思想和趣味，必然会在当时的工艺品上反映出来。……有的虽非文人而是工匠，但作品是用来供文人使用、观赏的，乃至经文人定制才去制作的，其作品适合文人趣味是他必须具备的条件。文人手制，艺术价值固高，工匠所作又能适合文人趣味，其艺术价值也必然高于一般的工艺品。”

据说宋代的箕形抄手砚便是苏轼参与设计制作并首创的。清代文人高凤翰嗜砚成癖，亲手雕琢，并著《砚史》四卷。文人不满足于作为局外人来观赏和使用，而是参与其中，在亲自指导、制作、研究中获得更丰富更有乐趣的鉴赏生活。文人之间，以赏玩为乐，更以相互馈赠为美谈。清代何绍基曾记杨龙石“每得佳蜡墨，辄不远数千里寄来。近复将旧藏莂拓（《晋杨绍买冢地莂》）见贻，何割爱至是也。”文房之所以从一个实用工具转换为艺术品，与文人的积极参与不无联系，正是由于历代文人的介入也才使得文房用具华丽转身为“宝”，唯世所趋靡。

文人对于文房清供的嗜好，虽有附庸风雅之嫌，但在寻古觅奇、抚物阅帖之中，却能得到一种精神上的超脱与慰藉，使之暂时忘却官场的尔虞我诈，人世间的坎坷艰难，内心得到片刻的安宁，体验那真正属于自己的乐趣。以一种优而隐的近似“玩物丧志”式的人生来谱写田园里的浪漫诗歌。在文房书斋之中，一架图书，碑帖盈架，抚拭器物，摸盘雅玩，足不出户，即可领略宛如“身处三山五岳商周秦汉

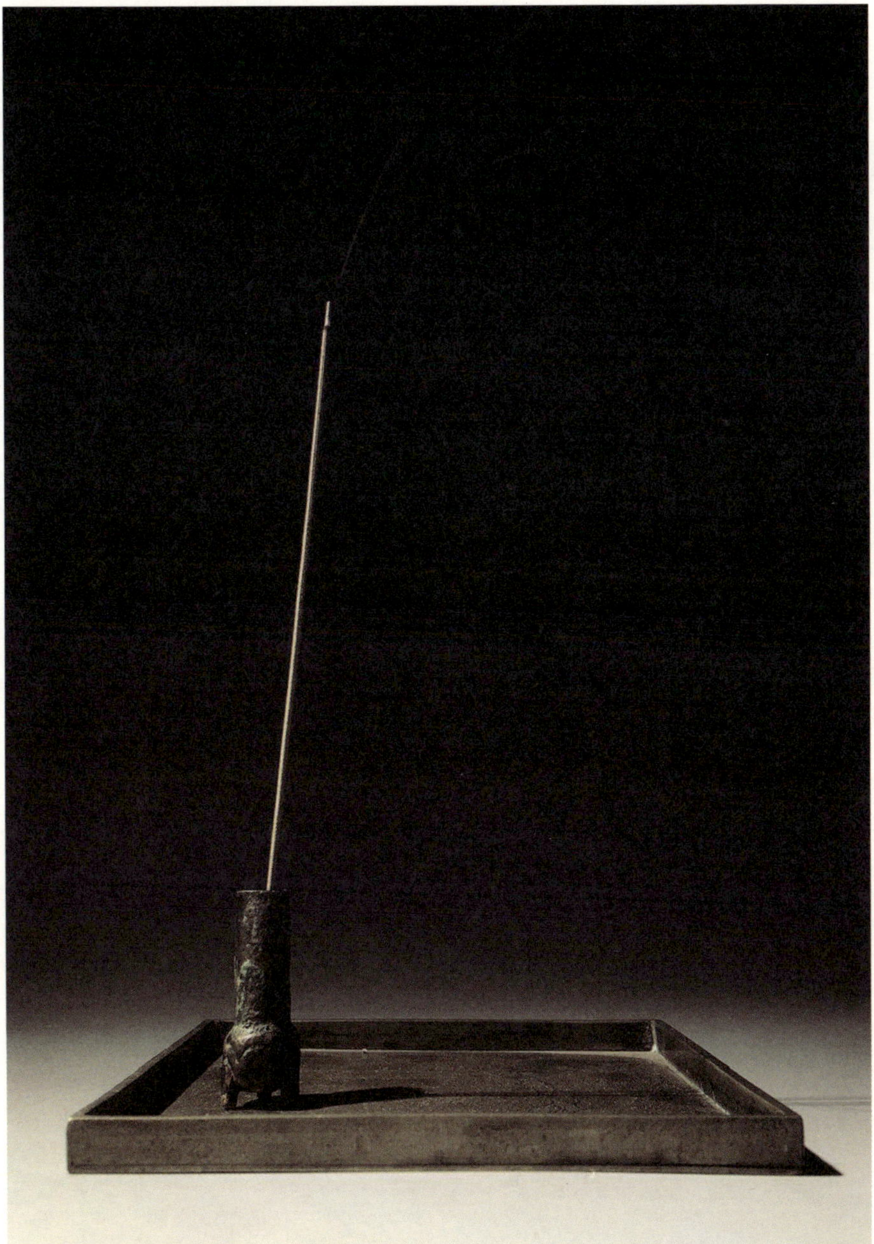

间也”的境界，从而获得超俗之乐。

梁启超在《梁启超史学论著四种——中国历史研究法》有云：“史者何？记述人类社会延续活动者本相，校其总成绩，求得其因果关系，以为现代一般人活动之资鉴者。”近年的传统文化热一波接一波，书画、古玩、古琴等轮番演绎传统文化在当代所受到的热捧，但浮华之下总也摆脱不了西方文化中心论的心理阴影，这一股股热风或许是近代以来知识分子阶层对于本民族文化强烈认同感的一种危机与忧患意识使然，国学热也正是对这一种普遍文化心理的一种回应与承担。无论怎样的心理，怎样的回应都不能失却已有的精神，这精神也一直以物质为载体传承着一个信念，生命必须与精神相依。

寓天地于方寸之间，据斗室而守望田园，在一方竹窗下，研一方墨书写苍苔之书、谷雨之声。风之痕，松之韵，客来则红泥小火炉，绿蚁新焙酒。静处则默然自守，处江湖之远而洞彻天下势，高坐庙堂而不忘茶事之乐。千百年来，中国的文人正是通过一间书斋来调整进退之间的距离，心中的丘壑俨然，文房便有宏大的气象。执器而明道，形神相依，物我两忘，师造化而得天真，可以涤尘，可以忘忧而全性命。

被褐怀玉　广袖飘飘

——道家衣冠风范

文／蒹葭从风

摄影／觉　非

蒹葭从风 80后医学博士，传统文化热爱者。曾出版历史散文集《所谓伊人——先秦红颜探古》。

老子在《道德经》中写道："知我者希，则我者贵，是以圣人被褐怀玉。"大意即圣人就算穿着最低廉的粗质短褐，也折煞不了胸中的如玉情怀。道家一向重内轻外，故而对于衣裳的态度并不拘泥。

形而上者谓之道，形而下者谓之器。世间万事万物均蕴道器于一体，衣裳冠冕自不必说，尽管认为神胜于形，修道者肯定还是离不开最基本的衣食住行。那么道家之"褐"是何等模样？道家心中所怀之"玉"又何等意蕴？

鹤氅——道骨仙风的翩跹天衣

如果非要追问道衣是何模样，那么首当其冲应该算是仙人的羽衣了。先秦及秦汉的阴阳家是后世道教的重要来源之一，修道成仙乃阴阳方术士所追崇的境界，仙人所着之衣曾令无数着迷于求仙问药的人们欣羡和仿效。那位娶了汉武帝长女卫长公主的方士栾大曾穿过一种奇异的羽衣，大有翩跹仙衣的味道。栾大本身就生得英俊高大，再加上衣装的修饰，效果也许会不同凡响。可以试想一下这位红极一时的方士身着那灵动飘逸的羽衣，道骨仙风地立在月光下的白茅之上，腰佩"天道将军"紫绶金印，那位"外貌协会"的汉

武帝被深深触动也是情理之中。这种羽衣具体是什么形制已经不得而知，有说该衣“无袖披用，展如鸟翼”，大约就是一种披在身上的宽大□衣，风一吹动会像鸟翼般猎猎招展，总之也激发了后世无限的遐想：

阊阖开，天衢通，被我羽衣乘飞龙。

——曹植《平陵东行》

梦一道士，羽衣翩仙，过临皋之下。

——苏轼《后赤壁赋》

道服自然襟绕雾，羽衣偏是袖飘风。

——吴承恩《西游记·第二十四回》

因羽衣之先例，道教产生之初确实曾以□鸟羽毛拈绒编织，制成了所谓道衣，称之为鹤氅。形制宽大飘逸，道骨仙风。又为飞羽之毳毛织成，很快就固化为大众眼中的道衣代表。在一些武侠和志怪小说中，大凡写到紫阳道人出场，基本就是“白发童颜，身披鹤氅，手执拂尘”的形象；还有戏曲中出镜率很高的“妖道”诸葛亮也是“羽扇纶巾、鹤氅飘飘”的形象。至今，鹤氅这个名字还保留在道教的法衣系列中，是罩在最外的正式而隆重的“礼服”。

鹤氅流行之初大约在汉魏时代，那时社会风尚极为崇尚逍遥旷达、坐禅问道的生活，而鹤氅这种从形神两方面都十分贴合此种风尚的翩跹天衣无疑遇到了流行的社会土壤，因而很快在士大夫之间流行开来。

着白纶巾，鹤氅裘。

——《晋书·谢万传》

薄晚悠然下草堂，纶巾鹤氅弄秋光。

——宋·陆游《八月九日晚赋》

孟昶未达时，家在京口，尝见王恭乘高舆，被鹤氅裘。于时微雪，昶于篱间窥之，叹曰："此真神仙中人。"

——《世说新语·企羡》

家僮开了竹箱，把我买下的箬笠、芒鞋、萝绦、鹤氅，替俺换了。

——孔尚任《桃花扇·归山》

鹤氅原是一种以鸟毛为原料的织物，但到底什么样式？明代刘若愚所著的《酌中志·内臣佩服纪略》云："氅衣，有如道袍袖者，近年陋制也。旧制原不缝袖，故名之曰氅也。彩、素不拘。"很明显，经过士大夫改良的鹤氅的袖子宽大像道袍，而且已经是色彩不拘了。

从宋明的一些画来看，鹤氅的形制应是两侧开衩的直领对襟罩衣，不缘边，两襟各缀有一根带子，着衣时一般会系得看上去很随意潇洒。

明代的鹤氅和披风（明代一种特定的服饰，和经常被人误解成的斗篷不同）与褙子形制差不多，只不过缘边多一些，领子相合，袖子更宽大。

道袍——超凡脱俗的君子之服

道家者流，衣裳楚楚。君子服之，逍遥是与。虚白之室，可以居住。华胥之庭，可以步武。岂无青紫，宠为辱主。岂无狐貉，骄为祸府。重此如师，畏彼如虎。旌阳之孙，无忝于祖。

——范仲淹《道服赞》

道家之服对士大夫一向有着别样的吸引力。就像范仲淹在《道服赞》中写的那样：整洁鲜明的道家衣裳，君子穿上逍遥自在，或居于简洁干净的虚白之室，或漫步于华胥国般安乐平和的庭院，最是相得益彰。我不羡慕那高贵的青紫官服，难道是因为取之不得？非也，一时荣宠乃受辱之主；难道我没有名贵的貉狐之裘？非也，一时骄纵乃灾祸之府。看这简朴的道衣，于我有师长之实；而那权贵的官服，我却畏其如虎。现藏于故宫博物院的范仲淹所撰《道服赞》原是范为其友人“平海书记许兄”所制道服而撰写的一篇赞文，称友人制道服乃“清其意而洁其身”之举。历代文人儒士们对逍遥自得、虚静恬淡的道家风范一向是十分尊崇的。

到了明代，士人非常青睐一种称为“道袍”的常服，其形制为：上下通裁，交领右衽，广袖长袍，但袖口略收，整体无异色衣缘，但交领处常镶一道白色义领，衣身两侧在腰部上下开气，从外襟的左侧和内襟的右侧开叉处分别接出一片布，打三道褶或不打褶，纳入后襟至中脊处，谓之暗摆。一般来讲，若不加摆为直裰，摆在外部则为直身。道袍的流行程度令人咋舌，以至于提起道袍二字，最先指的是明代士人的常服款式，而非原本的道人之服了。

这种情形与鹤氅风行于士大夫群体，成为士人的常用衣装恐怕是一个道理。传统士大夫虽多半出于儒家教化，自幼便以苍生之治

为人生目标，以实现天下大同为终极理想，实践着修齐治平的入世理念。然而这并不容易，入世者若能处庙堂之高自能兼善天下，但在复杂的仕途之中，多少人因言获罪，多少人明珠暗投，多少人蛾眉见妒报国无门……若时运不济而不得不处江湖之远，难道就要消极退缩么？每到这时，蕴藏在每个士大夫内心深处的道家情结便会漾出，无怪乎被贬的范仲淹在《岳阳楼记》中只能叹道："达则兼济天下，穷则独善其身。"兼济与独善，成为了两千年来传统有为之士用于平衡内心得意与失意的天平。儒士所着道服，成了中国历史上一道别有意味的文化风景。

重衣——藏于道书的绚丽仙衣

汉代早期道书《太平经》卷一百二十曾提过一种美丽的仙人之衣："衣者，随五行色也。今使母含子，居其内，以色相次也。大重之衣，五也；中重之衣，四也；小重之衣，三也；微重之衣象阴阳，二也；大集之衣，乱彩六重也。”

三重、四重、五重甚至六重的衣衫穿着在身，只在领缘和袖缘处参差交叠，每层都会露出内层的衣缘。看过汉代陶俑的人应该会对这种流行于当时的重衣有形象的认识，若非如此，也可以想象晕色罗列的彩虹，大约就类似这种衣袖和交领之处的风光。道家还为这种重衣赋予了特定的涵义：五层的“大重之衣”象征五行，四层的“中重之衣”象征四季，三层的“小重之衣”大概象征天地人三才，仅有两层的“微重之衣”则象征阴阳之气。六种色彩的“大集之衣”应该是最为华美缤纷的，很容易让人想到对应着天地与四方。那么，玄、纁、青、白、赤、黑六种象征方位的贵色相次出现在身，是否也感应到来自天地四方的气息了呢？

不过，这种为道家经典所提到的美丽衣服却未见被后世道教法服所吸收，或许是因为太花哨而不够庄严？还是因为重衣也只是历史上一个时段的流行？不过这种绚丽的衣服在汉代的陶俑、帛画上还是经常出现的。

巾褐裙帔——中规中矩的道教服饰制度

作为本土宗教的道教与先秦百家之一的道家并非完全是一回事。道家的范畴要大得多。实际上，秦汉以前，诸子百家几乎源于道家思想。可以说，道，本身就是中华文明的起源。道教初兴于汉魏，那时外来宗教的佛教一度“占领”了中国的思想文化土壤。从某种意义上说，当时确实需要一种能与之抗衡的本土宗教。原本生于道家思想，但吸收了大量阴阳家方术，同时又借鉴了不少佛教等宗教传播模式的道教应运而生，从此使道家与道教再也泾渭难辨。

阴阳家是道教中非常明显的一脉体系。《史记》称阴阳家“深观阴阳消息，而作怪迂之变。”总体而言，这是一种将传统道家的数术历算、阴阳五行、丹道气功等相结合，却将阴阳之道刻意神秘化的学派。阴阳家历来与人君、庙堂等有着密切的联系，时常借怪力乱神实现其政治诉求。阴阳家的目的性和实用性都很明显，也正是这股力量将随意散漫的道家文化演化成一种规范实用的普世性宗教。宗教的特征之一有：源自宗教法条的道德要求和生活方式。那么作为宗教的道教，多少都会出现很多规范化的生活方式。日用常行的衣裳便是其中之一。

道士之服古无定制，大约从南朝宋的陆修静开始，据古代衣冠之制结合宗教需要定为制度，将“巾褐裙帔”作为道士之法服，礼拜着褐，诵经着帔。并且巾褐裙帔制作长短、条缝多少都各有准式。此后道士法服逐渐增修，到南北朝末基本形成一套完整的道教服饰制度。按道士入道年限及学道深浅可分为若干等级，每个等级道士的衣服、冠巾、靴履所使用的布料、颜色和样式都有着明确的规定。

首先，道服沿袭了上衣下裳的华夏衣冠古制，故道服穿着需上着褐，下着裙（裳），外罩帔。这种称作“褐”的法服虽取自老子“被褐怀玉”之训，但褐衣制作精良，早已不是老子时代粗陋短衣的褐了。在褐、帔等之制作上也采取了以衣缝寓意的古制，这与《礼记·深衣》中深衣须裁剪成十二幅后加以缝合，谓“制十有二幅，以应十二月”的道理是一致的。

毕竟因为崇尚飘逸灵动，长裙大袖也是道教法服的一大特点，其道袍、戒衣等袖口均宽一尺八寸，或二尺四寸；可能还因崇尚淳朴自然，道士的冠巾首服皆崇尚简朴，因此不得用鹿皮及珠玉装饰。尽管道士和女冠子（女道士）的冠、帻有多种样式，但都是用谷皮笋箨或乌纱纯漆制成。履屦也只是像天地之色的黄黑两种，或用草木，或布帛，皆不得罗绮锦绣。布鞋草履盖为平时所穿，高功法师作法事时，则穿靴或舄（复底靴）。

《洞玄灵宝三洞奉道科戒营始》卷五《法服图仪》还将各阶道士之不同着装绘制成图，并逐一作了解释：正一法师着玄冠、黄裙、绛褐、绛帔，衣缝二十四条；高玄法师着玄冠、黄裙、黄褐、黄帔，衣缝二十八条；洞神法师着玄冠、黄裙、青褐、黄帔，衣缝三十二条；洞玄 法师着芙蓉冠、黄褐、黄裙、紫帔，衣缝三十二条；洞真法师着元始冠、青裙、紫褐、紫帔青里，衣缝表二十四条，里十五条……还有女冠法服，同寻常道士一样，只是所戴的冠形制不同，冠用玄纱，前后左右皆三叶。

根据宗教的特征“源自宗教法条的道德要求和生活方式”，道家也托言其衣服传自黄帝或老君。南北朝所出的一些道书中还借服饰名称解释的机会，赋予以明显的宗教意义，比如《洞真太上太霄琅书》卷四《法服诀第八》云：“法服者何也？伏也，福也，伏以正理，致延福祥。济度身神，故谓为服。”

“夫冕者，勉也，勉励立德，免诸尘灾。冠者观也，德美可观，物所瞻睹。巾者洁也，敛束洁净，通神明也。”

“龙衣华服，明德所堪，单衣通著，本是深衣。衣此深衣，学以正心，心得深理，终入道源。”

当道士入道时，也会举行正式的入道仪式，授以道服及道冠，由度师持于手中赞曰：“汝顶是冠，冠者冠也，一身之上，最处崇高，总括众发，斗星灿烂，岳势巍峨，像列真之朝元……”

道教服饰因其出世的原因，在满清入关后并没有像儒服一样被

强行更易，得以传承至今日，虽有损益，但总体上变化不大。按照部件大体上可以分为巾、冠、袍、鞋袜、佩饰等五类。

冲和浩然　长养正气——道巾

俗言“道有九巾”，但是九巾的名目并不固定。清代闵小艮《清规玄妙》记载的九巾为唐巾、冲和巾、浩然巾、逍遥巾、紫阳巾、一字巾、纶巾、三教巾和九阳巾。而现在流行的九巾为：混元巾、庄子巾、纯阳巾、浩然巾、逍遥巾、荷叶巾、太阳巾、一字巾、包巾。

混元巾：圆形，硬壳，帽顶有洞，可以露出发髻。后上部稍高起，以示超脱。混元巾是道教最正式的头巾，规定举行“冠巾”仪式拜师之后的道士方可戴用。全真派高功在举行斋醮科仪时均用此巾，并在露出的发髻上面别以道冠。正一派道士今日已无蓄发传统。

庄子巾：又称南华巾。帽底圆形，顶坡而平。帽顶向后上方高起，以示超脱。帽前正中饰有帽正。多在秋冬天气戴用，道士不蓄发者或年老脱发者喜戴此巾。

纯阳巾：亦称乐天巾、华阳巾、紫阳巾、九阳巾或九梁巾。帽底圆形，顶坡而平。帽顶向后上方高起，帽前上方有九道垂梁。“九”为纯阳之数，故为此名。现正一派道士多戴此巾。

浩然巾：即风帽。里面絮以棉花，以为御风挡寒之用。

逍遥巾：乃是一块方形巾料包于发髻之上，系上两根长长的剑头飘带，称为逍遥巾。另有一种是用庄子巾或纯阳巾，饰以美观的云头图案，帽后缀上两根长长的剑头飘带，亦称逍遥巾。年轻道士喜戴此巾，行动之间，飘带摇曳，显得潇洒自如。但有些道观的老道长认为戴用此巾有失庄重，而废止之。

荷叶巾：外形类似庄子巾，帽底圆形，顶坡而平。帽顶向后上方高起，以示超脱。帽前正中镶有帽正。帽子有褶如同荷叶，故名。

太阳巾：即草帽或棕笠。道士夏季在烈日下劳作，可戴此巾。有的道士为了和社会上有所区别，就在帽顶掏洞露出发髻，或在帽沿上绘以八卦、太极等道教图案，或者写上自己所住道观的名字。

一字巾：即一根束发用的带子，两端各缀一片帽正，两片帽正相叠扣在一起，就能戴在头上。这是所有道巾之中，最为简便的一种。道教规定，不可光头进入殿堂，必须戴有道巾，若无其他道巾，扎上这根带子也可代替。

包巾：又称扎巾。乃是一块方形布料，四角缀有带子，可以勒在头上。帽前正中可饰帽正，但多数不用帽正。包巾是道教最不正式的一种头巾，初入道门尚未拜师者即戴此巾，也有人认为不应列于九巾之内。总之，道教虽有“九巾”之名，但是一般道士只取少数几种日常戴用。现今全真派道士日常多用混元巾、庄子巾和一字巾，正一派道士则多用纯阳巾。

感志尚之凌云　慕鸿鹄以高翔——道冠

道冠只能戴于宗教科仪之时，其他非正式场合必须摘下。道冠共有五种：

黄冠：又称“月牙冠”或“堰月冠”，俗称“冠子”。月牙状，下沿有相对两孔，穿过木簪，可以别在发髻上面。这是全真派道士常用的道冠，拜师之后即可戴此。冠顶两端，各刻一道指甲掐痕。传说全真祖师丘处机掌教之时，元代皇帝曾赐给他一块金子和一块玉石，要他戴在头上，丘处机当即运用道家内功，调动体内三昧真火，在手心将金子揉捏成月牙冠，又把玉石掐捏成簪子，用指甲掐着戴在头上，惊得皇帝目瞪口呆，丘处机从此成为掐金断玉的金玉两行祖师爷。后来的全真弟子为了纪念丘处机，就在黄冠上留下这两道印痕。 五岳冠：又称“五岳真形冠”或“五岳灵图冠”。覆斗形，上刻“五岳真形图”。受过三坛大戒的道士，方可戴用。

星冠：又称“五斗冠”。覆斗形，上刻东西南北中五方斗宿图案。道士拜斗时戴用此冠。

莲花冠：又称“上清冠”。状似莲花式，花顶插有如意头。做道场时，高功戴用此冠。 五老冠：乃围戴头部之冠。无顶，莲瓣形，五片莲瓣上绘有“五方五老”的神像。两边垂有两条剑头长带，上有神像图案或“太乙救苦天尊”字样。一般在做施食道场时，高功戴用此冠。

制芰荷以为衣　集芙蓉以为裳——道袍

这里的道袍指正式的道士之服，可以分为大褂、得罗、戒衣、法衣、花衣、衲衣等六种。均肥大宽松，取包藏乾坤、隔断尘凡之意。

大褂：大襟，长及腿腕，袖宽一尺四寸，袖长随身。这是最普通的一种道袍，道教徒日常穿用。另有长及于膝者，称为“中褂”。现在多为窄袖，以便日常作务。皆为蓝色，代表法天之意。《大明会典》云：“道士常服青”。

得罗：蓝色，大襟，长及腿腕，袖宽一尺八寸以上，袖长随身。冠巾之后成为正式道士，方可着用此衣，为参加宗教活动之礼服。

戒衣：黄色，大襟，长及腿腕，袖宽二尺四寸以上，袖长随身。黄色属土，土可化育万物，戒衣采用黄色，除了示以庄重之外，寓有“道化万物，参赞化育”之意。唯有受戒道士，方可着用此衣。从前道教传戒制有“三衣”，以供领受初真戒、中极戒和天仙大戒的道士分别着用。现在传戒是一次授完，所以仅用此种戒衣。

法衣：又称“天仙洞衣”。对襟，长及小腿，无袖披，袖长随身。上有金丝银线绣的各种道教吉祥图案，如郁罗萧台、日月星辰、八卦、宝塔、龙凤、仙鹤、麒麟等。举行大型斋醮科仪时，道场为主的高功身着此衣。方丈在举行隆重祀典时穿着此衣，则为紫色。传言道祖老子骑牛出关时“紫气东来”，故道教崇尚紫色道服。唐宋以来的皇帝，亦多赐给名道高真以紫色道服。

花衣：又称“班衣”。亦属法衣。对襟，长及小腿，无袖披，袖长随身。上面亦有各种绣花图案，但较天仙洞衣显得更为简洁，举行大型斋醮科仪时，众经师着用此衣。也有红色或黄色不带图案者，为做一般道场的经师穿用，称为“经衣”。

衲衣：亦称“衲头”。大襟，长及小腿。多层粗布缝制，显得笨拙厚重。过去云游的道士于野外调息静坐时穿用，以御风寒。今日道士多已不用，但少数道士还保存着过去代代相传的衲衣。

凌波微步　云履出尘——鞋袜

圆口鞋：黑色，鞋口深，圆口。为一般道士日常穿用。

双脸鞋：黑色，圆口，鞋脸中间有两条突起的梁子，将鞋脸一分为二，故名。有的还在鞋帮部位饰以云头图案，显得超脱出俗。这是较为正式的一种道士鞋。

十方鞋：鞋口圆，鞋帮为黑白相间的条形图案。还有一种是在鞋帮上面相间开洞，适宜夏天穿用。

麻鞋：古云“履”或“麻履”。是用麻绳编制的鞋，适宜夏天或下雨天气穿用。现在穿此鞋者较为少见。

云履：也叫“朝鞋”。鞋底较厚，鞋帮上衬以云头图案。主要为斋醮法坛上高功所穿。

高筒袜子：又称“高鞠袜子”，俗称“白袜子”。白色，袜筒裹至膝下，用带子扎系。白色代表白云，象征遨游天界。道教规定，进入殿堂必须穿上此袜，如果没有，也必须把裤脚扎住才行。

扈江离与辟芷　纫秋兰以为佩——佩饰

道簪：为道士盘别发髻之用。一般用黄杨木或玉石、金属制成。条状，略呈弯曲，亦有直形，有些后端还刻有太极、八卦图案或葫芦形状。

帽正：多为玉制。方形，镶在帽前正中。除了作为装饰之外，还有检查道巾是否戴正的作用。

慧剑：是道袍上的一种装饰。为两条剑形长带，缝于道袍的纽扣部位。唐末道人吕洞宾改剑术为“一断烦恼，二断色欲，三断贪嗔”，慧剑的寓意即在于此。 佩剑：即道士佩带的宝剑。中国古人即有佩剑之风，《道书援神契》说“古之士大夫皆佩剑。” 道教多为雌雄双剑，相并背于身后。现在道士佩剑者并不多见，除了偶尔看到云游道士有佩剑者以外，一般是悬挂在住室之内，以为辟邪除魔之用。

葫芦：八仙之中的铁拐李即随身带有葫芦，里面盛放仙丹。道士佩带葫芦，一般盛放道家丹药，以为舍药疗疾之用，在云游道士中较为多见。

鱼鼓：又作“渔鼓”。打击乐器，在长竹筒的一头蒙上薄皮，用手敲打。从前道士演唱道教神仙故事的曲子（即“道情”），以此伴奏。现在在道教中已经绝迹。

单瓢：又称“缘瓢”。即用硬木刻制的瓢状器皿，为过去云游道士必备之物，在外面化缘盛放饭食之用。今日道士已不用此物。

拂尘：乃为木制或金属做成的柄，柄端扎有棕丝或马尾。可作拂扫尘埃或驱除蚊蝇之用。道士手持拂尘，意在扫除心灵的污垢，清静身心。

阴阳环：乃为连在一起的两个圆环，可以拿在手中来回转动，代表“阴阳循环，周而复始”之意。一般为木制或玉制。亦有三环相套者，称为“三才环”或“三环套月”。老年道士尤喜玩此，以为活动指腕之用。

被褐怀玉——道家衣裳之道

衣冠作为形而下者，必有其形制色彩，然华夏衣冠最终都需上升至形而上者。道家衣冠之道，归根究底还是要返回老子“被褐怀玉”的箴言。玉在华夏文化中是高尚和美好的化身，它自然而然地就会与衣冠的象征意义联系起来。除了道家，儒家也是极其崇尚玉的——“君子必佩玉”“君子无故，玉不去身”。但儒家的玉是外在的可视之玉，道家的玉则是内在的无形之玉。

也许会有人说，道家这种不求美饰的心态是否与墨家“衣必常暖，然后求丽”的衣冠主张类同？的确，墨家本着节用、非乐思想，反对华服美饰，表面上同被褐亦乐的道家多有相似。实际上，道家并非一味反对华服美饰，否则也不会出现一系列繁复多杂的道教法服了。道家思想从根本上看只是重神轻形、重内轻外。《道德经》中也有“甘美食，美其服，安其居，乐其俗”的表述。华服也好，短褐也罢，都不会薄彼，因为二者皆不应干扰淳朴自然的本质，衣在心中而非体表。

所以，最美的衣裳便是一颗淳朴自然的求道之心。

居山晴雨集

文／杨子莹
摄影／觉非　杨子莹　沈凌

杨子莹 贵州东南人。自幼成长于山野溪田蕉林之间，草木心性，喜文学。后于少年时期读得《徐霞客游记》一书，由此对三山五岳及传统文化产生莫大兴趣，继而浅读孔孟，薄研老庄。因志趣所向，于甲午年来到终南山终南草堂。居山一年间，得松柏润性，岩泉涤心，于志继山林耕读精神，修德修身。

冬雪。

微晴。

于屋檐下独坐良久，以手托腮，若有沉思。倏然不觉闻到指间有淡淡清香，想是方才于屋后林间、石下，捡取干松枝存以引火用的缘故。只是微微粘上一点儿松脂，其清香悠远绵长，久久不散于指间。

这熟悉的味道不禁令我神思飞远，逐渐忆起初来草堂的那段时日。那淡淡清奇的松香，大多是关于夏日的记忆……

初夏

从青绿茂盛的草丛中延伸而来的长长竹筒将水流缓缓引来，滴落在平滑的青石板上发出清脆的声响。溅起的水珠打落在周围细长的草叶上，随着小草微微的点头摆动，又更细碎地飞洒到别处。

竹筒是用整根大的楠竹劈成两半，取其中一半将中间的每个节掏空，使水流能够顺利从其中流通。一头放置在小溪清潭边，将天然的泉水顺着竹身引到房前，可供饮用洗漱。中间的部分大多隐藏在深深的草丛间，不可发现，只可见到水潭处的顶部和滴水处的部分。竹筒看起来已经使用很久了，上面长满了许多翠绿的青苔。泉水涓涓从中流过，我将毛巾和牙刷杯子放在一旁，用手掬起泉水饮了一口……不尽的甘甜和清透。

明文震亨《长物志·水石》有云："石令人古，水令人远，园林水石，最不可无。"这不仅仅是使用水方便，更是茅庐、庭院的一处自然妙趣之景。

"非必丝与竹，山水有清音。"萤火虫也听到了山间松树和清潭流泉合奏出的自然之曲，从容地从草丛中飞了出来，提着那盏小小的"灯笼"轻轻地飞向往它想要照亮的某个远方。

我抬起头。

岭上。

我终于看到了终南山上的月亮。

"这里好像古代。"

"这里就是古代啊！"

这是我来到草堂时的第一次对话。

那日阳光和煦，松影青石、溪风竹亭、野草篱笆、茅庐堂舍，一一展现于我眼前。树荫低落，鸟语嘤嘤，不觉心神恍惚，于是见人便第一句道出心中所想。他回了我一句"这里就是古代啊！"他便是青木哥，给我最初的印象是朴实、干练。

是啊！"这里就是古代。"与古人先贤、隐士一样亲近自然，向往着天地合一，恬淡、宁静的心追求精神的解脱、逍遥，学其所必行，行其所必当。遁迹于青山之趾、绿水之涯；枕石漱流，濯足弄影；抚孤松而对明月，啸烟霞而临清风。这又何尝不是古代呢？古代

与当世，又有何区别？

第一次来到草堂，心里便有一种想要长久住下来的感觉，很自然，很熟悉。这里的一切，一草一木，一花一石，感觉都是那么贴切。就连生长到门前来的绿绿小草，都不愿将它们拔掉。郁郁葱葱的草木中，都有着许多美丽虫儿的家。而我也如愿地住了下来。

暮色渐浓。

我走了一天的路，腿脚略微酸疼，准备早早入睡。当拿着毛巾和牙刷杯子走出房门时，我听到了竹筒引来的涓涓泉水滴落在青石上的声音。

时光的涟漪，总是会在不经意间悄然泛起，像是从遥远处飘来的一阵芳香，触动到我的心底。草堂夏日的记忆，印象里总是伴随着耀眼的阳光和摇曳的树影。叶子厚得让暖阳只能碎玉般的穿透下来，喜欢坐在树荫下，就这样席地而坐，或者躺着，最好手掌上或小腿上爬来一两只蚂蚁，我便细细地观察它们，眯起眼看它们在我的手指间“翻山越岭”。

“滔滔孟夏兮，草木莽莽。”

很喜欢那种房屋周围长满不经修饰、自然的绿绿野草。每天迎来朝阳，小路从中延伸而去，两边插着细长的竹篱笆，小草长得和它们差不多一样高，亲和地拥抱着它们，走在小路上，不细细观察的话都不会发现两旁的小小篱笆。在这里，完全不会感觉到荒芜和杂乱。它本来是怎样就是怎样，一切都那么自然，一块青石生长在哪里就生长在哪里，路就从它身边绕过去，成了天然的路旁屏障。溪流弯弯曲曲，沿着溪边的篱笆自然迂回曲转。也正如用山石铺就的石阶，亦不必使它四四方方，无须需刻意雕琢。多取稍有平整一面者，任其原本之形而自然拼就堆积垒成，素朴大方，雨久生苔，自然古色。每每沿阶而登，莫不幽逸静好。世间之道亦是如此，须得如此随顺自然，像清流一样时时流动常新，心境无有所羁绊和阻碍。

心中有所乐，不经闲吟起几句："青天浮云兮，云外初晴；携剑登崖兮，崖上飞鹰；我有山房兮，可待明月；亦有清茗兮，可酬知音。"

听风

不知不觉已住了半个月，终南山的夏天很是清凉。在这里，若让我形容的话，只能说是连每一口呼吸都很放心、轻心、静心、舒心、安心。曾经那颗躁动的心就这样安定了下来，就这样被这里的一切所治愈，被一棵树的影子、被一泉水的声音、被一轮月的轻柔，被一场雨的清晰……我想，那时候我的心是像那山中的清潭一样澄明。

桌上端来了一两碗清水面。

"你们打柴回来辛苦了，赶紧吃吧。"

熟练轻快地拿起筷子，津津有味地吃完后又去盛了一碗，真香！在这里吃一碗清水面都特别特别地香。或许是打柴回来又饿又渴，抑或是这里的水好和用柴火煮熟的缘故，总之就是特别的好吃。从小到大，直到来了这里，我的饭量才算在同龄人中变得正常，终于体会到对食物应当有一种感恩、珍惜的心。这是在小的时候长辈们怎么教都学不会、听不懂的道理。记得多年前，老祖母在饭桌前说得最多的是他们那个年代闹饥荒的往事，一遍又一遍。记得她总是捡着我们洒在

饭桌和地上的饭粒来吃，一次又一次。

我吃着吃着，突然泪下……

明白了眼前挂着的“禁止散弃五谷”这块牌子的含义。

喜欢听风。

听松涛。

打柴之余，几人爬到树上闲坐长聊。我是当中最喜欢爬树的，尤其是松树，不顾衣服上沾满的洗不掉的层层松脂。每次上山打柴都会爬到大一点的松树尖上听一阵子风，衣服上随时沾满了清香，那所谓关于夏天记忆的味道即淡淡的松香就是这么来的。

最妙的是上身可以从松树顶部探出来，自己踩在树枝上的双脚和地面根本看不到，因为松树本来就是伞状的，我相当于爬到了撑开了的伞尖，其余下面的视线都被伞身遮住了。此时，四周都是松树，感觉置身于一片苍翠的海洋中。

这时风起。

摇曳。

我的身体也随着树尖摆动起来，被绿树和山风带动着。

这时，我会闭上双眼。

微笑着。

“和山林对话”。

跟山林鸟语不同，也跟“偶然值林叟，谈笑无还期”不同，这是我内心深处独自与山林自然的一场对话。

山静而听松远，非宁静而无以致远，山谷幽静，松涛阵阵，徐徐绵绵，回荡于整个山间。

此刻。

忘我。

“山中人兮芳杜若，饮石泉兮荫松柏。”

那时，几乎每天都上山打柴，这是劳作，也是一种乐趣。很喜欢与三五知己好友于山林间自在穿梭，悠然听风。或徜徉于松云之间，或恬息于泉石之上。打柴很容易，一个小时就足够了，每每一去便在山间待上几个小时，其余时间都是在闲坐、长聊。

打柴其实也可以很讲究，柴之所以叫柴，不叫木头、树枝，我觉得是取意它有“才”之用。烧火用也是用啊，所以应当感恩。取才之用，一棵树一根树枝，取它适合的位置，如稍直的、干枯的。不会因为烧柴而把一整棵大树砍掉，那样太不值得，也不忍心。树木自然生长，一年四季自有它干枯和繁茂多杈的时候，只要取其枝而不影响到它的生命和生长便可。

山间树种繁多，以橡树和松树为最佳。前者木质软硬适中，易燃耐烧，且枯枝常有，特别是秋冬两季，易折，无需刀具即可取之。后者枝密杆直，末梢细枝用于引火最妙，松枝烧起来时青烟徐徐，亦有松香。

捆柴之物，以藤者为上，绳者次之。青藤、葛藤山间自取，溪涧茂丛处多有之，韧性极佳且幽朴可爱。柴要取稍直者，长短修齐，依头尾粗细摆放，粗的朝一端，细的朝一端，整齐捆紧。捆好的柴要能竖着不倒才算捆好。一是背着舒服，不会被突出的地方扎疼身体，或走山路的时候不会轻易散掉；二是看起来整齐、秀气。从打柴也能看出一个人的品性和习惯，有喜欢捆成粗短厚实的，有喜欢捆成细长稀疏的，有的不经修剪便扭扭曲曲乱枝一堆，有的耐心修饰便齐齐整整粗细长短如一。虽说拿回来也都是一样，都是烧火，但此乃人之行事风格不尽相同而已。

夕阳也落。

林鸟也归。

把柴放在一边，于石上歇肩，悠然遥望斜阳洒在山巅，将群峰染成一片。

萤火虫也将远行。

枫叶也快陶醉。

夏日就这样很快过去。

雨读

那日，秋雨潇潇落落，叶泛黄、蝉无声，浅溪水湍急，闲读《论语》。

孔子在川上曰：“逝者如斯夫！不舍昼夜。”

每次读到这两句，都会感触良多。事物都在不停地变化，如大的、小的、快的、慢的，过去的就像那川流一样在不断过去、不舍昼夜的过去，从来不会停下。正如露珠在枝头上慢慢消散，青烟在屋后缓缓飘升，杯中茶水渐渐转凉，纸上余墨冉冉欲干，也在我推开的这一扇窗，走过的这一段路，折下的这一枝花，我的笔在这纸上写下的这一行字：“逝者如斯夫！不舍昼夜”。这一笔一画间，都在每分每秒的流逝。

每一刻都是新的，每一刻都在变化。

一个钟头前，甚至一分钟前坐在这里的我，与此刻坐在这里的我，已不知经过了多少个变化。我们都在不断地往前、往前，像股流水一样不断向前涌进，不断地前进。所谓“天行健，君子以自强不息。”正是如此，正是要我们的学习、思想、观念，都要不断地进步和提升。也是要苟日新，日日新，又日新！做新的自己。

放下书本。

刚才还在斋堂里坐着的沈兄现在已经移到溪边的亭子里了，地上放了一个炉子，手里忙活着准备煮茶。不一会儿青烟升起，他放下蒲扇，向我挥了挥手。我伸开衣袖遮住书跑了过去，坐了下来，默然不语。

在等一壶茶，在听一场雨。

在听一壶茶，在等一场雨。

茶慢慢开了，听着铁壶里咕噜咕噜地响，雨渐渐小了，等着它停下来，好感受雨后初晴。

每每这种时候，每每这种雨，悄悄停下后，阳光便会清晰地从杨树茂密的枝丫间快乐地走来，与我们一同感受这雨后清新的风。

“放晴了。”

“是啊。”

“茶好了。”

“嗯”

在等一壶茶亦在听一壶茶。是啊，在等着茶水煮开的同时也在听着它在壶里咕噜咕噜地“歌唱”。在听一场雨亦在等一场雨。如此，听着当下这场小雨，听着它渐渐远去，珍惜当下送走它的同时，又可以等待着迎接雨后初晴的到来。

人生难得如此闲适。

人生亦能随处获得这样的闲适。

只要心灵能够把一切外在浮尘、忧扰沉淀下来，过滤、涤净，还回本来澄澈如孩童般的心，那便能处处获得这样的闲适和静好。

古有先贤隐士、文人逸客，他们追求的便是这样洒脱自如、逍遥不羁的生活。只需，一卷书、一尘尾、一壶茶、一盆果；一重裘、一单绮、一斗笠、一骏马；一溪云、一潭水、一林雪、一庭花；一枕梦、一片石、一曲房、一轮月，一竹榻。

如此足矣。

“一溪云”。这样美好且舍不得用的词句，是那么的美。上可若蕙质，下可若兰心；远可谓秋水，近可谓琼林。你可以想象成山间云雾流转徘徊在溪流之上，抑或是溪水倒映着空中的几片纤纤白云……总之，道不尽这其中之美，品不完这其中妙趣。

这是高雅的人生境界，亦是诗意浪漫的文学情怀。

秋林

“秋兰兮青青，绿叶兮紫茎。”

瀑布下方淙淙而来的溪流隐蔽在藤蔓丛生、茎叶交错的一片密丛中。水声叮咚，又有青苔怪石，绿影重重。盖以藤叶密覆，秋阳洒落其间微影斑斓，照映水纹于石上清微流转，加之常有幽禽踱步往返，此处真堪清逸幽静之所。每处其间，心意忘却尘寰。

山中这个时节还有一种野果可以采摘，在这溪涧密丛中到处都有，隐藏在藤叶间，像一串串珍珠如葡萄一般悬挂在藤上。成熟后呈紫红的颜色，也是一种药材，叫五味子。可以直接食用或晒干泡水喝。对喜欢喝酒的人来说，这当然也是一种泡酒的极品药材。我喜欢直接摘下来吃，像吃葡萄一样。记得小时候在西南山区也有这种野果，只是没有终南山这么多。小时候把它叫作野葡萄或血葡萄，每次都会吃到舌头起泡，但也是小时候的一段美好记忆。

我拨开藤蔓叶丛提着满满一篮五味子俯身走出来，只见松山日暮，林鸟往返。斜阳余晖，遍染西山。

“西山可有凤鸣？”

我望着苍崖峻岭、岩脉幽古的远山，思及书中所载上古三皇五

帝，及圣人治世时期，神州大地每有瑞兽来仪。麒麟步于庭中，龙马出水献图，彩凤空中和鸣。此等盛况，令人心中神往不已。麒麟，仁兽也，相传仁德之世才出现。

《说苑》有云："含仁怀义，音中律吕，行步中规，折旋中矩，择土而后践，位平然而后处，不群居，不旅行，纷兮其质义也。幽闲则循循如也。"它威武有力，不践生灵，是仁慈和吉祥的象征。

《龙马记》曰："龙马者，天地之精，其为形也，马身而龙鳞，故谓之龙马。高八尺五寸，类骆有翼，蹈水不没，圣人在位，负图出于孟河之中焉。"凤凰则是仁义礼智信五德俱全的灵鸟，其性格高洁，非晨露不饮，非嫩竹不食，非千年梧桐不栖。

山川大地还是这片山川大地，只是，那些令人神往的上古灵兽如今为何不再出现？去了哪里？是否正如孔老夫子所言："唐虞世兮麟凤游，今非其时来何求？麟兮麟兮我心忧。"

孔子获麒绝笔的故事也广为流传，明代诗人孙宜游"获麟古渡"时，作了五言律诗一首。诗曰:

古渡寒烟积，沙明照落悬。
春秋悲凤日，天地泣麟年。
鲁变时交阻，周衰辙竟旋。
至今皆绝笔，真意更谁传。

《山海经》中记载的上古灵兽是否真实存在已不重要，重要的是有着遵行圣贤之路而向往溯本求源，返璞归真的心。

夜半阴雨飘零在山边那头，纸上余墨已绘入遥远深秋。

是夜，梦醒。浅闻窗外潇潇雨打青石之声。转眼又到了"蘋蘅槁

而节离，芳已歇而不比。”的季节。

秋雨久未息，夜卧无眠，起身点燃灯烛，随手拿起枕边一本书，读到的是宋玉的词句：“悲哉秋之为气也！萧瑟兮，草木摇落而变衰。”宋玉的《九辩》堪称是一篇优秀的抒情长诗，其开头便将肃杀的秋景与悲怆的心境融为一体，引起无限的凄凉之意。文人悲秋始于宋玉，宋玉把秋景秋物、秋声秋色，与自己的悲惨命运紧密地结合在一起，可谓情与景融、思与境偕。

处浊世而显荣兮，非余心之所乐。与其无义而有名兮，宁穷处而守高。食不媮而为饱兮，衣不苟而为温。窃慕诗人之遗风兮，原托志乎“素餐”。蹇充倔而无端兮，泊莽莽而无垠。无衣裘以御冬兮，恐溘死不得见乎阳春。靓杪秋之遥夜兮，心缭悷而有哀。春秋逴逴而日高兮，然惆怅而自悲。

《九辩》把悲秋主题发挥得淋漓尽致，也成为后人学习的典范，自《九辩》以来，自古文人便有悲秋一说，南宋陆放翁有一首《悲秋》诗云：

秋灯如孤萤，熠熠耿窗户；秋雨如漏壶，点滴连早暮。
我岂楚逐臣，惨怆出怨句？逢秋未免悲，直以忧国故。
三军老不战，比屋困征赋。可使江淮间，岁岁常列戍？

悲秋也好，伤秋也罢，古往今来的人们只是将内心的愁绪与感怀寄托于秋色苍茫中。所谓之悲秋，实乃人心之“秋”也。一年之中有春秋，人的一生乃至一天当中都有“春秋”。

在我通篇读完《九辩》之时，窗外秋雨已息。

寒窗

清晨，清风惯于指间；月下，树影遮住房檐；烛旁，桌前夜读《中庸》；纸上，笔尖点染生宣。

“在山上住这么久不会觉得烦闷吗？”一位来自江西上山小住几日的朋友问到。

“会啊。为什么不会呢。”

“为什么？山里不是很清静么？”

“山里的清静对于我们来说只是一种间接的影响吧，主要还是看自己的心能不能够安定下来。”每个人都会有自己的烦恼，或多或少，或不经意间或往往复复或辗转难眠。所谓“明镜无尘皆自扰”，我们要学会如何去观照。

烦闷都会有的，但是要学会去察觉，去化解和改变。可以是闲读佛经中的一句至理偈言，可以是静听古琴的一曲空谷余音，可以是倒映明月如霜的一池清泉，可以是飘来晨雾茫茫的一树云烟。

随时随地都可以去体会、察觉、观照、化解。

在哪里都一样，道从来就在我们的近处。

窗，传统园林建筑及山房的窗历来便是文人墨客咏吟的对象。窗外有多种芭蕉翠竹，窗虽小，虽有局限，但透过窗看到的窗外世界却是有着无限的意味。有蕉窗、寒窗、竹窗、星窗、月窗，有春朝雨露、夏草萤虫、晨霜夜雪。唐代诗人马戴有一首《新秋雨霁宿王处士东郊》诗云：

夕阳逢一雨，夜木洗清阴。
露气竹窗静，秋光云月深。
煎尝灵药味，话及故山心。
得意两不寐，微风生玉琴。

蕉窗可听雨潇潇，或伴有天边春雷阵阵。竹窗可听风徐徐，或有“夜影映之白宣，扶疏而见清白。”据说国画中的墨竹就是这么来的。“寒窗”则成为古时贫寒书生、文人志士埋头苦读的代名词。十年寒窗，枕边只有圣贤之书。而我身处之窗，实乃冬日寒冷之窗。山房窗外夜雪纷飞，北风骤急，故此标题名曰寒窗。

取雪

2015年立春，大雪。

这日，难得上山一次的张老师带领着我们一起“采雪”，储存腊月雪水。据古籍记载，采集腊月之雪储放于陶罐中，使其自然融化成雪水，经密封储存三年，方可取用，乃是煮茶上品之水。

清晨，空中鹅毛纷飞若絮，我在屋檐下伫立良久，飞舞的雪花足以模糊了远处的视线，真可谓“隔牖风惊竹，开门雪满山。”

在不停飘落的白茫茫一片中，几道青翠的身影挺立在山间，耳边呼呼风声，肃然回响起风雪、松涛。想到《庄子》一书有云：“受命于地，唯松柏独也正，冬夏青青。”唯有松柏，像那样温不增华、寒

不改叶，四季常青，像那君子的品格一样贫贱不移、威武不屈！

待到大雪渐渐停了下来，大家开始行动，披上风衣斗篷，提上事先清洗好的陶罐和舀雪的器具，踏着厚厚的积雪出发了。

刚刚落下的新雪是蓬松的，踩在上面像棉花、像细沙一样松软。随着每一个个脚印的落下，雪不停地向两边轻轻分洒开来，让我们都有一种不忍过重踩踏的感觉，每一步都走得小心翼翼。

下过几天的雪就不一样了，铺在地上是瓷实的，踩上去咯吱咯吱响，不会轻易散开。

沿着通往山门的路往外走，要找到适合采雪的地方，即方便取，干净、积淀得比较多和厚的地方。沿着两旁长着许多山桃树的篱笆门走了一段，枝头上打落的雪纷纷落在肩上。

不久，我们在一块平整的大青石旁停了下来。观此石苔藓丛生，表面铺满白雪，古朴可爱，便决定开始于此取雪。先将罐子平稳地放在地上，再用葫芦瓢浅浅地拨开青石表面上层的雪，取中间的那一部分，那是最洁净的。

轻轻地舀起第一瓢雪放入罐中，取雪就正式开始了。要把陶罐一点点装满，使它自己慢慢融化。

每一个地方都只采集适合的一点，不会破坏太多积雪原本的模样，并闪耀着洁白晶莹光芒如膏似玉般可爱。

同时也换了很多地点，或于松前、竹下、泉边、墙檐，或以葫瓢、茶匙、瓷勺、竹片。每一瓢都取得小心翼翼，都用心认真、感恩的去对待，因为每一片雪对于我们来说都是大自然的美好馈赠。

张老师在一旁笑而言：“取松前二两、取竹下二两、取泉池四份、取墙檐六寸……”

这也是一种赏雪的闲情逸致，古人赏雪，意境更甚。时有王子猷居山阴，夜大雪，眠觉，开室，命酌酒，四望皎然。因起彷徨，咏左思《招隐诗》。忽忆戴安道，时戴在剡，即便夜乘小船就之。经宿方至，造门不前而返，人问其故，王曰："吾本乘兴而行，兴尽而返，何必见戴？"

大雪眠觉，咏《招隐诗》，忽忆戴安道，乘小船就之，造门不前而返。可见访戴安道之意不是在人，而是在泛舟江上及这一夜之雪。待到赏雪兴尽，自然而返，何必一定要见到人？如此率性而行、洒脱自如之性，怎能不令人心神往之？人生贵得适宜尔。

渐渐的，罐里的雪已经装满，我们也在山间走了一圈。"才见岭头云似盖，已惊岩下雪如尘。"这时很适宜的空中细雪又纷纷扬扬地飘了起来，我们提着罐子开始缓缓往回走，松枝、竹叶间又悄然地覆盖上了些许不易察觉的新雪。

取雪过程中虽不免寒冷，手指都冻得通红起来，但也正如张老师所说的，或有意，或无意，这其中的淡味，令人留恋不绝。在于平淡中悠然地去收获一份平静自然的喜悦，也正是这种淡味，让我们更懂得从平常细微的事物中去发现那些不平凡的意义所在。

几日后，雪已化成雪水，密封了起来。将书写好的小篆"终南雪水"贴在陶罐上封存起来，三年后便可取出品尝了。

池景

午后，窗外阳光晴好。自立春以来明显感觉到气候的变化，山里的季节更替很容易察觉得到，这是很难得的一件事情。杨树枝头已经冒出苞芽，土层开始松软，勇敢倔强的“绿色精灵”似乎准备要冲破泥土探出头来。最明显的变化还是日照时间，冬日里整个山谷一天只有一两个小时能够晒到太阳，立春以后一天的日照时间便已经有六七个小时。

在屋外晒着太阳吃过饭后，回到炕上坐下看书。两个月以来都是跟着刘老师一起日中一食，也渐渐习惯了，不会像刚开始一段时间那样早晚都会饿。

炕上的条桌摆着几个瓷盘，小的四方形用来焚香，大的用来放置茶炉煮茶，皆是黑色。其中有一个白色长条形的瓷盘，瓷边稍浅。平时刘老师用于摆弄一些细小玩意儿：一个干松球、一朵长有青苔的灵芝，一个陶瓷做的小莲蓬，莲蓬上面静静地蹲着一只青蛙。

刘老师喝完茶，焚好香，便开始摆弄起瓷盘中的玩意儿，变换着它们的位置。想着要怎么放才能更有意趣和雅致。他突然好像想起了什么，跑出屋外到溪边捡了一块石头回来，放到盘中摆着，左看看右看看，“嗯，不行，要找一块长有青苔的。”说完拿起那块石头又跑了出去，不一会儿拿着另外一块石头走了进来，石头也是长条形的，底部平整，表面有一个坡度像一个微型的小山崖。上面长满青苔，刚好可以竖着放进瓷盘里。

“不错，不错。”他摸起胡子点头道。

“青苔需要水养啊。”我抬起头道。

“没错！”他马上又到溪里打了一瓢水回来，轻轻倒进瓷盘里。水渐渐涨了起来，石头变成了一个天然假山，长盘变成了一个池景。“还需要完善！”他又往瓷盘里加了些细沙，将那个小莲蓬也放在水中，白色的瓷盘乘着清澈的水，一青石、一莲蓬，还有沉在水底的点点细沙，一一呈现于眼前。

“妙啊！”我不禁放下书，细细观察起来。

“再放点浮萍就更妙了，让它飘在水面。可惜现在找不到浮萍，若有长在水里面的植物也行。”

“让我来，我肯定能找到。”我出了门沿着小溪往下游找去，心想肯定有长在水里面的植物，虽然现在大多只是沉淀的枯叶。走到山门前的水塘边，发现一处水里有一种墨绿色的水草，捞了几丛，发现它们比发丝还要细小，绿绿幽幽，很是可爱。不过捞出水面一会儿，那些水草看起来就干枯了许多，失去了那种嫩绿的光泽，于是我赶紧拿在手里，并往屋里走去。

“真的有浮萍吗？”刘老师吃惊道。

“是一种很漂亮的水草。”我把它们轻轻放进瓷盘里。

一放入水中，它们便马上显得有生机了，在水中层层翠染，搭配着晶莹透亮的淡褐黄色细沙显得那么天然纯粹，完全像是自然而生的景象，没有丝毫人为的痕迹。

但总觉得还缺少点什么，石头也有了，水也有了，植物也有了……对！还缺少活物！想起溪流里有一种像是小虾的水生物，像牙签一样大小，身体呈草黄色，略微透明，很是好看。便拿着瓢来到平时打水的地方，拨开水底那一层枯树叶，看到几只游动了起来，便将它们舀进瓢。乘着它们拿到屋里，对刘老师说到：“这下水里有‘龙’了。”

“给我看看，这应该是一种可以从水里出来可以飞的生物吧？”

把它们轻轻放入盘中细细观察，看起来有点像蜻蜓，有六只小脚，在水里可以爬也可以游。身上看起来像小泥鳅，尾巴上如叶子一般分有三瓣，眼睛宽而突出。

“我想想，对，是那种夏天经常在溪边可以看到的，一种像蜻蜓但更细小的生物，有四只翅膀，身体细长，飞起来比蜻蜓慢，但翩翩优雅。”

“它是化生的，在水里是幼时形态，也算是‘小龙’啊。”刘老师说道。

"好了，现在齐了，有山有水也有'龙'，这是一个小世界了。"

"这就是造化啊……"

这一池自然之景就完成了，一块长满青苔的石头像一座苍翠古朴的小山，水中铺洒着细沙水草，幽静可爱，更有"小龙"潜于深涧。神思可将自身化小而游于其间，观赏玩之，流连忘返。

其实山居正是如此，可以给自己找很多闲情逸致的乐趣，只要细心，只要能够用心去品味，就可以体会到很多细微自然的妙趣。也像张老师经常对我们所说的，住山要住出味道来，要动静相宜。

春雨

在竹边，在石边，溪水如苏醒过来一般从石缝底悄悄地涌出。原本冬季变得干涸沉寂的溪流终于苏醒活跃起来，想是源头的冰层已开始融化，预示着春天的到来。

雨在窗外淅淅沥沥下个不停，激起地面潮湿尘土的气息混合进空气里。屋檐下不断滴落的雨珠，不断地凝聚、滴落、消散，凝聚、滴落、消散……

望着望着，我不觉出神。

记得，那一天也是像这样的一场雨。

满山烟雨给山谷对面的群峰蒙上了一层变幻莫测的薄纱，山中青翠在不断飘升聚散的云雾里时隐时现。凝神观之，会产生一种隔着几公里开外的对面山峰就在自己眼前，离得很近的错觉。

“平明忽见溪流急，知是他山落雨来。”

三人在雨中艰难地往山上走着，每个人都背着大袋的东西。我走在最前面，书包里背着较轻的一些包菜和土豆，肩上扛着一袋二十斤的大米；小石在我身后，他肩上扛着一袋五十斤重的面粉，走得非常吃力，下雨使路变得泥泞易滑，走了半个小时左右，他雨衣里面的衬衫已经被汗水浸透；走在最后面的是住在朝阳洞的盛道长，他那里从草堂往上还得走四十分钟至一个小时的路程。

这日，他也刚好下山到镇上买了些粮食用品回来。我们在山脚下农家乐碰面，避了一会儿雨，看着雨没有丝毫要停下来的意思，我们便决定不再等了，一同上山。

他买了一袋五十斤重的面粉和一桶菜籽油，还背着一个黑色的书包。

“真是麻烦你们了，本来还决定下雨不好走，先把东西放在农家乐那儿，等天晴后再下山来背一趟呢。”盛道长走在后面道。

“哪有，反正我们的东西也不多，就一些菜和一小袋米，只是顺便帮您背一下而已，举手之劳。”小石把面粉换了一下肩。

“盛道长，您下山一次也不容易吧，光是上山这一段路，您都得比我们多走一半的路程。”

“是啊，走山路倒没什么关系，只是我平常去镇里一次买一袋面粉只用花三十块，来回车费就得花六十块，哈哈。”说完他咧起嘴憨厚地笑了起来。从他的眼神中看到的是无忧无虑，不把任何烦恼和困难放在心里的欢乐自在。他那纯粹自然的笑容仿佛与这山间云雨融为了一体，让我忘记了此刻路途的疲惫，只是一心往前走。

盛道长那里我去过。记得第一次去的时候吃到了令我一直难忘的野菜和白米粥，那种味道至今都能让我回想起。他热心招待，把仅剩不多的大米都拿出来煮了粥，叫我们一定要吃饱。坐在小小的茅棚屋的小木桌旁，我端起碗，品尝到一口淡淡野菜的清香。风吹过，抬起头，门外便是白云纵横的群峰。

心底升起无限悠然。

同时也深刻体会到粮食在这里是多么的不容易。

从沉思中渐渐回过神来，脚下的路不知不觉已经走了很长一段。

就快要到草堂了，此时雨已经小了一些，枝头茂密的绿叶上不断地滑落着雨珠，滴答滴答地打在小路的青石上。沿着溪边弯弯曲曲的小路走了一会儿便看到了草堂的山门，还有隐没在雨雾里的竹篱笆。一丛小翠竹也纷纷低了低头，像是在欢迎我们的到来。

“先进去坐坐喝杯茶，休息一会儿，等雨停了再走吧。”我打开篱笆门对盛道长道。

“不用了，我还是赶紧回去吧，恐怕天色不早了。”

“现在还不算晚呀，今天就在这里住一晚，明早再走也可以啊。”小石道。

“多有打扰，多有打扰，那我就先避一下雨，休息一下再走吧。”

在我们的强烈邀请下，盛道长才肯勉强跟我们一起进了草堂。在斋堂坐了下来，我们烧了壶热茶来喝。青木哥正在厨房做下午饭，我们的肚子也早饿了。我们一同留着盛道长在这儿吃饭，他推辞不过，只得笑着点点头。喝完茶，小石走进厨房帮忙做饭，我把雨衣拿到另一栋屋子的门外栏杆上展开晾上。这时雨已经停了下来，山谷那边传来几声清脆的鸟啼声，雨后的云烟从松林间缓缓飘升。

等我们大家准备吃饭的时候，却发现盛道长不见了。想着他是趁我们不注意的时候悄悄的回去了。大家怅然，同时心里由衷对像盛道

长这样一心一意的修行者表示敬佩。

我想象着雨后整个山谷枝叶零落、草露沾衣的情景，盛道长在弯曲陡峭的山路上背着粮食独自一人艰难行走的背影……

吃着吃着，这顿饭吃出了别样的滋味。

屋檐下滴落的雨珠逐渐慢了下来，一只不知道从哪儿飞来的喜鹊突然停落在窗外布满青苔的石头上，将我的思绪拉了回来。

想来，已经有好几个月没去过盛道长那里了吧。四季更替，又是一个新的开始，终南山也将迎来又一个春天，心中祝愿终南山里所有的修行人都能够像那春天的草木一般，散发出勃勃生机与光彩。

山花

前去找寻，山中花开。

正月初九，无雨无晴。早晨的风从山谷那边带来了草木的问候，我想是关于春天的问候。

我们把禅堂里外打扫了一遍，手中的扫帚轻轻扬起一层微尘。门前的地面还是比较潮湿，即便是积雪已经融化了好几天。禅堂内传来一阵檀香，张老师准备静修念佛一周，除了吃饭睡觉，大部分时间都会在禅堂里。

我接到了做一盏供灯的任务：找来一截细麻绳和一个黑色浅沿的陶碗；倒上半碗清油，将麻绳放入碗中浸泡在油里盘卷起来，留一段在碗沿外；浸透过油之后，用火柴点着开始慢慢燃烧。一盏供灯就做好了。

把供灯拿到禅堂去的时候看到另一位参加静修的居士手中捧着一把杨树枝条，上面已经冒出许多翠绿嫩芽。由于找不到花的缘故，就只能用这把新绿苞芽的树枝来供佛了。还有一位居士则将几支郁郁葱葱的松树枝和嫩芽树枝一起插在瓶子里。

“这个也可以当花用了！”采来杨树枝条的居士满脸开心的笑道。

“嗯，不过这个时候山间应该也有花了吧，可能只是很少，这附近找不到。”张老师在一旁道。

虽立春很长一段时间，山下的梅花和一些开得早的樱桃花、杏花已经开放，但山上较冷，跟山下气候不同，花儿大多会晚开。

点燃的供灯放在桌台上，细小的火光平稳地照亮着四周，淡雅幽韵的檀香不断飘来，看着佛像前那一把嫩绿苞芽的树枝，我突然心生欢喜。“张老师不是说了吗？山间也应该有花了，谁说找不到花来供佛呢？我就要去采一束山花回来供佛。”想着，我便望向山谷远处的溪流和树林说道：“山中一定有花儿开的！”

今年新春第一次静修，用早春山中第一束开放的花儿来供佛，是多么美好的事，心中欢喜，妙不可言。

带着这份欢喜，我信心满满地出发了。

此刻我的心中是无比神往那“自从一见桃花后，直至如今更不疑”的美好境界。那么美的禅境，是多么的卓绝、超脱，求之而不可得。仿若隔世之流云，辗转山间花雨逐溪漂浮也去，仿若橙月之朦霜，风惊树影若即若离杳杳也无。

那时节，若能堪破源流，便见万物齐一，山中杜鹃轻啼，桃花满溪。

穿过一片松林，跃过那条山谷中最大的溪流，再向一片看起来萧萧条条的树林里走去，唯一点缀其中的青翠是几棵稀疏挺拔的松树。这个时节穿梭在树林间脚步可以走得很轻快、顺畅，没有像夏季那样长满许多比人还高的蒿草和茂密繁盛、盘根错节的藤蔓。

我随意自然地走着，用心感受着这片山林中吹来的风，用心感受着这片山林中的气息。哪儿有更接近春天的气息，哪儿有更接近花儿正在枝头开发的气息。它在那儿等着我，等着我去将它采摘。在松石耸立迎风的山岗某处，在溪谷转角的某个沉淀着枯叶的澄澈清潭，将它正在开放的身影倒映在水中，溪水潺湲，春花正暖。我随着感觉走，信步而行，或穿越崖下或攀登石台，在一根白桦树枯枝上看见了一朵已经干枯成形呈扇形的白色蘑菇，我将它轻轻摘下，放在手里。仿佛向我讲述着一个过往的故事，关于它成长的故事。

它曾感受过风晴雨露，听到过微风含着草木的清香吹过耳畔的声音，感受过太阳温暖直接的拥抱，月光洒在林间地面皎然如雪般的洁白。也曾听到过萤火虫和七星瓢虫从远方带来的有趣的故事……它有着生命，它自然地生长在这里。现在，它将要开始另一段旅程，我想将它带到溪边，让它浮在水面顺着溪流远行。寄予一份情感，让它替代我沿路去欣赏那些我未曾到过的地方和未曾看过的风景。

把白色蘑菇放进衣服口袋里，走过那片白桦林，来到一处石崖下，偶然发现地上有一颗看起来很是新鲜的核桃，好像是秋天刚成熟，便从绿皮里脱落出来的一样，外壳还是那种呈嫩黄的颜色。捡起来一看果然还是新鲜的，甚至都没有干。我感到奇怪，这个时候还能在树林里看到的核桃大多是已经被松鼠吃掉果仁后留下的干枯空壳，或者是一些经过雨水浸润已经裂开冒芽和受潮而发霉腐烂。而我手中的这颗完好如初，裂缝也没有，完全就像是刚从绿皮里脱落出来的。

它是怎么从去年秋天一直保存到现在的呢？我把它拿在手中思考着，并望向四周，石崖凹陷处的冰正在慢慢融化，一滴滴地从石上苔藓中滴落下来。我突然明白了过来！原来它是在冰层中度过了一个秋冬啊。因为封冻在冰层里，所以一直保存新鲜。也不知道它是因为怎样的机缘巧合才能被封冻在冰层中的，或许是刚要从树梢枝头脱落时，因为一阵风被吹落到此处，也或许是一只灵巧可爱的小松鼠在收集食物的时候，不小心遗落在了这里。这个山崖的凹陷处时常积水，深秋后就开始结了冰。

总之，这是山林自然给我的美好馈赠，是一份从去年秋天就已经开始准备好的礼物。只为赠给此刻经过这里的我。

我把壳轻轻敲开，之后便品尝到了去年秋天带来的坚果的鲜香和醇厚。

我感觉我不是一个人走在山间，我感觉幸福。山林间总是会有一种活力，此刻我便在她的怀抱里。

回味着核桃在齿间留下的鲜嫩醇香，我继续行走在林间，寻找着山中的花儿。我想那颗美味的核桃是山林给我的一个小小的奖励，鼓励我更有信心，更坚定地前行。

在山间迂回了一圈，穿越过更茂密的灌木林，看见枝头几多花苞待放，岩间嫩草层层泛新，路过一棵白皮松下，摘下了一颗漂亮的松塔，走出几步，我听见了溪流声。

来到溪边，我将白色干枯的蘑菇放在水面，任它飘远，踩着露出水面的石头跃过小溪回到了来的路上。

至此，我也无须交代我到底有没有找到了山花。

只是，可以肯定的是，我采到了内心的那一朵花。

山居生活中可以随处发现身边很多不经意间的美好，如四季更替：春溪花、夏径松、秋壑月、冬峤雪；如一雨竹、一雪梅、一露兰、一风松。我只是用我这还沾满着许多泥土和松脂的手以及粗浅的笔将它们一一记录下来，也希望能够将这份朴实宁静与清芳传递给大家。

在这之后的许多时日过去了。

此时。

院里梅花已开。